おやこで自転車はじめてブック

子乗せで走る、こどもに教える

疋田 智 監修 ● ぼちぼち自転車くらぶ 著 ● 柚木ミサト 絵

子どもの未来社

はじめに

こどもが産まれて数か月、久しぶりに自転車に乗った日、
ベビーカーや抱っことは比べものにならないほど早く、楽に、
出かけられることにびっくり。自転車ってすごい。
そしてなんていう開放感！　あれこれの荷物もなんのその、
おんぶしてすいーっと風きって、ほんっとうれしかった。

やがて、自転車に前用こどもシートをつけるように。
ややっ？　フラフラする！
こどもをシートに乗せるのはどきどきして、倒れたらどうしよう？
そばを通るクルマが怖い。歩道には障害物がいっぱい。
いったいどこを走ったらいいの？

調べてみると、えーっ、自転車って本来車道を走るものだったの？
そんなことも知らなかった自分に、こんどはびっくりです。

自転車にまつわる事故のニュースを耳にされることもあると思います。
実際、こども乗せ自転車では転倒事故が起こりやすく、
頭部損傷でこどもが重い障害を負うことさえあること、
自転車に乗ったこどもが歩行者にケガを負わせ
高額な賠償を命じられる事故もあること、
自転車に関係する交通事故は10代の男の子に多いことなど、
ぎょっとするような事実がたくさんありました。

こども乗せ自転車に乗る際に知っておきたいこと、
こどもに自転車を与えるときに教えておくべきことが
たくさんあると気づきました。

自転車好きの人にとっては当たり前のことばかりかもしれません。
でも、子育て中の人へのアンケート調査※では、交通ルールを知らない、
車道も歩道も走りにくく、知っていてもなかなか守れない、
ルールに矛盾を感じるなどの声が多く寄せられました。
自転車専門店や自転車雑誌は敷居が高いと感じるひとりの親として、
知りたいことを専門家の方々にお聞きして、本書が生まれました。

都市部での子育てに、生活の足として、なくてはならない自転車。
四季折々の風を感じて、街の人々や生きもの、小さな花に目をとめたり、
前と後ろでおしゃべりをしたり。こどもを自転車に乗せて走る日々は
親密でかけがえのない、おやこの時間です。
こどもにとっては、自分の力でどこまでも行ける自由や楽しさを
最初に味わうことができるもの、自転車ではないでしょうか。
そんな自転車で、こどもたちが事故に遭わないように、
そして、親もこどもも、事故を起こさないために、
この「はじめてブック」が少しでもお役にたちますように。

　　　　　　　　　　　ぼちぼち自転車くらぶ　やまが　なおこ

※ぼちぼち自転車くらぶ実施、回答数 30

もくじ

はじめに ……2

第1章 これだけは知っておきたい走行ルール

「自転車は車道が原則」!?……6
それでも車道がこわい人は……8
路上で、こんなときどうするの?……10
こどもに必ずヘルメット(できれば大人もね)……13
ライトは夜のため人のため……16
交通事故の現状と自転車保険のお話……18
コラム●道路はだれのもの?（疋田 智）……22

第2章 ようこそ!こども乗せ自転車ワールドへ

進化する「こども乗せ自転車」……24
危険もいっぱい、「こども乗せ」5つの心得……26
雨の日はどうする? 先輩ママたちの知恵……30
自転車にバックミラー? 便利アイテム……32
コラム●車輪の科学（疋田 智）……33
コラム●親になったらもう一度自転車を学ぼう（北方真起）……34

第3章 こども用自転車の選び方・教え方

多様化する乗り物おもちゃ……36
こども用自転車はこう選ぶ……38
乗り方はホメホメ作戦で教えよう（乗り方指導公園編）……40
交通ルールは日々くり返し、積み重ねで（乗り方指導路上編）……46
こどもに伝わる言葉かけ……49

第4章 もっと自転車を楽しむために

どうするの？　日々のお手入れ……52
「こども乗せ」を卒業したら……54
親子がいっしょに走るには？……56
コラム●楽しい自転車いろいろ（疋田 智）……57
自転車に乗ってどこ行こう？……58
コラム●こどもにとって自転車とは（疋田 智）……60

おわりに ……62
監修者あとがき……63

以下の本文中で とあるのは、
それぞれ H＝疋田智さん、
B＝ぼちぼち自転車くらぶを示しています。

知ってる？
自転車ルール

自転車
そもそも
＼ クイズ ／

Q1 自転車の交通ルール、正しいのはどっち？
①歩行者のなかまなので、歩道を走る。
②クルマのなかまなので、車道を走る。

答えは6ページ

Q2 「子どもにヘルメット」義務は何歳まで？
①こども乗せ自転車の前座席に乗せてよい上限の3歳まで。
②こども乗せ自転車のうしろ座席に乗せてよい上限の6歳まで。
③小学校卒業のころ、13歳未満まで。

答えは12ページ

Q3 人気のペダルなし二輪車、正しいのはどっち？
①自転車じゃないから、ヘルメットは不要。
②自転車じゃないから、公道は走ってはだめ。

答えは37ページ

1 これだけは知っておきたい走行ルール

「自転車は車道が原則」!?

ベビーカーを押して、あるいはこどもの手を引いて歩いているとき、通り抜けていく自転車にヒヤっとした経験をもつ人は多いはず。では、こども乗せ自転車に乗るときは、どこを走ればいいの？『自転車はここを走る！』の著書をもつ疋田智さんに教わります。

自転車は「車両」、クルマのなかま！

🅗 原則論から言いますと、自転車は、道路交通法では軽車両、すなわち車両の仲間で、当然、走るのは車道になります。ちょっと譲歩しても「車道が原則、歩道は例外」ですかね。

🅑 「車道が原則」って、危なくないですか？ クルマの横を通るなんて。

🅗 わはは、そう思うのは無理もありません。インフラがそのようにできていないし、残念なことにクルマのドライバーのなかには「自転車、ジャマっ！」という運転をする人もいますから。でもね、車道走行は、段差がなく、歩行者を傷つける心配もなく、適度なスピードも出て、いったん慣れてみると実は快適なんですよ。

道路交通法上の自転車の位置づけ

クイズのこたえQ1＝②　自転車は道路交通法では「車両」に含まれ、車道と歩道の区別のあるところでは、車道を走るのが原則です。ちなみに、モーターはついていますが、電動アシスト車も自転車と同じカテゴリーです。

自転車は「車道の左側」が鉄則

Ⓗ 車道では左側を走るのが鉄則です。前からくるクルマが見えるから安全と右側を走る人がいますが、大きな勘違いです。正面衝突事故は、実は追突事故の4倍も起きているのです。しかも、正面からの衝突エネルギーは追突事故の5～9倍。いや、それ以上のこともも。「本来、死なずにすんだ事故が、死亡事故に」なってしまう可能性があります。交差点でも、右側通行がドライバーの視野に入りにくくかえって危険なのは、右の図を見れば一目瞭然。自転車は車道の左側を、クルマと同じ方向に走る順行に徹します。

住宅街でも左側通行

車道の左側ってどこのこと？

Ⓗ 車道の左端は幅50cmくらいのコンクリートになっていますよね。側溝のふたなどがある部分（路肩）です。左端ギリギリだと思うと、必然的にここが走るスペースになってしまうでしょう。でも、このコンクリート部分には傾斜があり（排水のため当然です）、道路とのつなぎ目ででこぼこだったりと、タイヤをとられがちです。車道の交通量にもよりますが、思い切ってコンクリート部分のやや外側、つまり「車道の左側」を走る方が安定します。

それではクルマに近くて怖い？　でも、ドライバーにとっては路肩でフラフラしている自転車のほうがあぶなっかしいのです。停車中のクルマをよけることに比べれば、自転車の横幅はわずかで見通しもよく、追い越しも楽。なので、自転車は左端ギリギリ（路肩部分）でなくてよいのです。

それでも車道がこわい人は

「自転車は車道が原則」
そのほうが走りやすく安全だとしても、こどもを乗せて車道を走るのはどうしてもこわいという場合、自転車はどこを走ればいいのでしょう？

歩道ではゆっくり、車道寄りを通る

🅗 日本の車道は自転車走行のためにできてはいませんからね。「車道なんて絶対ムリ！」という人は、歩道を"通って"もいいんです。道路交通法では①子ども（13歳未満）と高齢者（70歳以上）、②標識※ があるところ、また③道路工事など車道が危険でやむをえない場合には、歩道通行が認められています。

ただし徐行で。歩道通行は、歩いている人を脅かさないように、①なにかあったときすぐ止まれるスピード（徐行）で、②歩道の車道寄りを走るのが条件です。

歩道は「歩行者のスペース」。通らせていただいているという謙虚な気持ちで通ります

ちなみに、警視庁によると徐行スピードは時速7km程度だそうです。早歩きくらいを想定しているんでしょうが、現実的ではないんで、そこは臨機応変に。ただし、10〜12kmあたりをMAXとしましょう。　🅗

※自転車及び歩行者専用。「自歩道」の標識というもの

1 これだけは知っておきたい走行ルール

「左側の歩道」がもうひとつのポイント！

H そして、もうひとつ重要なのが、③道路の左側の歩道を通ること。これは法律で定められているわけではないのですが、これを守ると事故は格段に減ります。というのも、歩道の自転車が交差点で事故を起こす確率は（道路全体から見て）右側通行をしている自転車が圧倒的に多いからです。2013年末に「路側帯（白線が引かれただけの簡易歩道）も自転車は左側通行」とされたのには、そういう理由があります。

　事故のメカニズムは路側帯も歩道も同じ（7ページの上の図参照）。自転車は、道路全体から見て左側、つまりクルマの走る方向と同じ側の歩道を走るようにするといいのです。いちど慣れると、左側を通っていないと不安に感じるようになります。そうした意識は必ずこどもにも伝わります。親子ともども、安全になります、これ、ほんとよ。

B 実践してみると、ほんと、「あっ、危ない」と思うことが少なくなりました！　せまいところで自転車同士すれ違うとバランスをくずしやすいのですが、左側の歩道を通るとそういう機会も少なくなるんですね。

路上で、こんなときどうするの？

なるべく車道、いつも左側を意識して走ってみると、ちょっと怖いけど、
段差を乗ったり下りたりしない分たしかに走りやすい！
交差点での「あ、危ない！」もぐっと減り、
前カゴのなかで荷物がはねることも少なくなりました。
でもでも、こんどは駐停車してるクルマが怖い！どうしたらいいの？

駐停車するクルマを上手によけるには？

ほんとはこういう違法駐車をするほうが一番悪いのです。でも、そんなことを言ってみても始まらないんで、車道前方に駐停車中のクルマが見えたら、早めに後ろを確認して、十分安全確認をしてから右側にはみ出してよけることにしましょう。ふいにドアが開くこともあるので、それにも注意。ただ、走りながら後ろを振り返るには少々慣れが必要で、ときには止まってクルマをやり過ごすなどの判断も必要でしょう。

交通量や駐停車の多い道では、無理に車道を走らず、歩道をゆっくり走るか、裏道など、より安全なルートを開拓する手もあります。

横を通るときにはクルマのドアがふいに開くかもしれないという予想もしながら

駐停車するクルマをよける前に必ず後ろを目で見て確認します

1 これだけは知っておきたい走行ルール

横断歩道が、右側にしかありませんっ！？

🅗 図のような交差点の場合、A方向には渡りやすいけど、B方向に進むとき「あれ、どこを渡れば？」と迷ってしまうかも。

でも、横断歩道がなくても、そのまま直進でOKです。基本は「自転車＝車両」ですから。自転車のルールは、原付バイクとほとんど同じ。原付バイクならどうするかと考えると、理解しやすいかもしれません。

わざわざ右側の横断歩道を通らなくても、まっすぐ渡ってOK

右側のスーパーに寄りたいっ！

🅗 通りの左側を通っていて右側に目的地がある場合、できればいったん通り過ぎて反対側に渡り、引き返してくればいいのですが、ちょっと面倒ではあります。そんなときは、自転車を降りて押し歩くのがおすすめ。じつは道路交通法で、押し歩きは「歩行者」の扱いなのです。

もちろん、"ゆっくり車道寄り"を守れば、右側の歩道を通ること自体が違反というわけではありません。

右側に渡る横断歩道はあんなに先。うー、めんどう…

道路交通法では、押し歩き自転車は歩行者扱い

前から自転車が来たら？「左にハンドルを切る」

もうひとつ覚えておきたいのが、自転車同士ぶつかりそうになったら、自分から「早めに左にハンドルを切る」こと。

こちらがルールに則って走っていても、真正面から走ってくる自転車が往々にしてあるもの。そんなときお互いに「おっとっと」とやっていると、スピードが落ちてふらつき、あわや転倒！となってしまいます。

そこで、前から自転車が来たら、まずこちらから先に、左にハンドルを切ります。すると向こうもよけてくれるので、お互い左側を維持でき、危険を避けることができます。

こういうときには、先に左側にハンドルを切る！

日なたを走りたくないっ！

日差しが照りつける道を走りたくないという気持ちは、女子ならずとも、わかります。でも、自転車に乗るあなたは「車両」。自分の都合で「ここは右側通行でいっか」はありえません。日焼けが気になる人は、日焼け止めや帽子、アームカバー等々で、存分にUV対策してください。

クイズのこたえQ2＝③　13歳未満まで。
ちなみに、正確にはヘルメット着用の義務ではなく、13歳未満のこどもにヘルメットを着用させるように努める、保護者の努力義務となっています。

1 これだけは知っておきたい走行ルール

こどもに必ずヘルメット（できれば大人もね）

走り方についてはだんだんわかってきました。
では、そのほか、**自転車に乗る、こどもを自転車に乗せる**
うえで、とくに大事なことってなんですか？

とにかく頭部を守ろう！

🄗 事故統計によると、自転車乗用中に不幸にして事故で亡くなった人の死因の64％は頭部損傷によるもの※。とくに乳幼児は、頭が重いため頭部損傷の危険が大きいのです。よしんば死に至らない場合でも、脳の損傷により後遺症が残る可能性が高くなります。だから、万が一転んでも、頭部を守るヘルメットはとても重要です。

道路交通法では、自転車に乗る13歳未満のこども、同乗する6歳未満のこどもにヘルメットを着用させることが、保護者の義務とされています。

🄑 自転車に同乗していた6歳未満のこどもの事故（死亡及びケガ）に限って、ダメージを受けた部位を見ると、頭が41％、顔13％！　なんともショック。

こども用ヘルメットは、自転車店や自転車を扱っているホームセンターなどで購入します。必ずこどもの頭にあったものを選び、アジャスターで調整したり、ベルトも緩すぎないようにしましょう

※2009～2011 公益財団法人
　交通事故総合分析センター

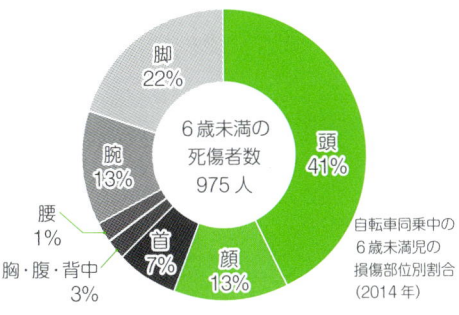

自転車同乗中の事故　半数以上が頭・顔にケガ

6歳未満の死傷者数 975人
- 頭 41％
- 顔 13％
- 首 7％
- 胸・腹・背中 3％
- 腰 1％
- 腕 13％
- 脚 22％

自転車同乗中の6歳未満児の損傷部位別割合（2014年）

もっとヘルメット

ヘルメットをいやがる子には、本人に選ばせるのも前向きにさせる一手です。自治体によっては、自転車講習に出るとヘルメット購入の補助などの施策をとっているところもあるので、調べてみてください。🄑

できれば「大人もヘルメット」

🅱 13歳以上はヘルメット着用義務はないんですよね？ でも、中学生・高校生の自転車の乗り方って見ていてヒヤヒヤしません？

🅷 自転車の事故は、乳幼児以上に実は中高生で深刻なんですよ。

🅱 ……ということは、13歳以上のこどもたちにも、ヘルメット着用を促すべきということ？

🅷 然り。しかし、彼らはヘルメットをかぶりたがりません。ひとつの理由は、地方の中・高校でありがちですが、工事現場（のような）ヘルメットを強制するからではないでしょうか。あれは蒸れるし、重いし、そのくせ安全性には劣り、なによりカッコ悪い。ここにも「ヘルメットを自ら選ばせる」というソリューションはアリかもしれません。

　本来、年齢を問わず、13歳未満であろうが以上であろうが、自転車に乗るときヘルメットは必要なのです。「大人もかぶろうヘルメット」なのです。あのスポーティーな流線型のヘルメットだけでなく、最近はおしゃれなヘルメットがいろいろ出ています。

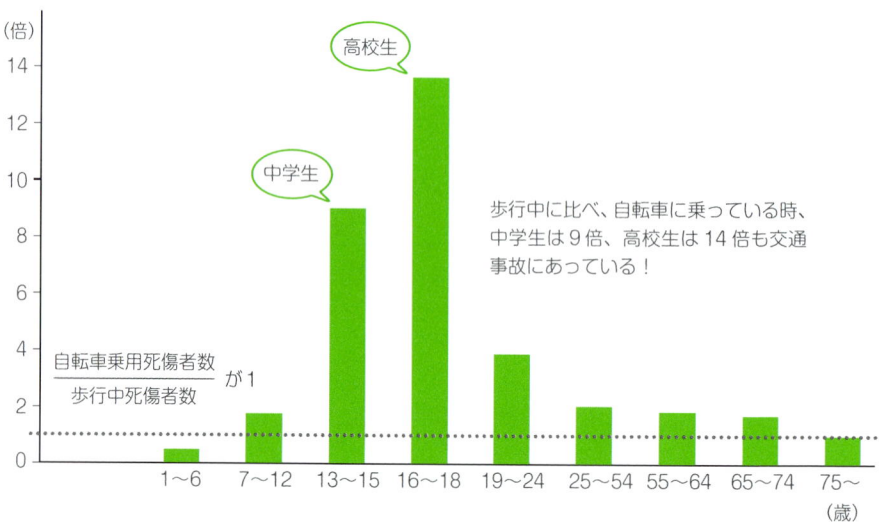

年齢階層別の自転車乗用死傷事故数と歩行中死傷者数の比（2008年〜2011年の集計）

1 これだけは知っておきたい走行ルール

事故を起こしにくくする ── ヘルメットの効用

　ヘルメットのいいところは、転倒したときだけじゃないんです。ふだん道路を走っているとき、クルマのドライバーに「ここに自転車がいるぞ」「ヘルメットをかぶる"わかった自転車乗り"だぞ」と認識してもらえ、急な左折や幅寄せなどをされにくくなる。つまり、事故そのものを起こしにくくしてくれます。

　これ、もう20年近く、車道での自転車通勤を続けている私の実感です。こういうものは習慣以外のなにものでもない。クルマのシートベルトと同じ。やがて「ヘルメットなしで自転車に乗るなんて！」というときがきます。私がすでにそうであります。

スポーティーなヘルメットはムリな人には…

ふだんの服に合わせやすい帽子風デザインのアウターをかぶせるヘルメット

脱いだときに小さくたためる簡易ヘルメット（カスク）。キャップの上からつけるから日差しよけとしてもうれしい

15

ライトは夜のため人のため

帰り道、冬はとっぷりと日も暮れ、暗い道を走ります。
夜道を走るときに気をつけることといえばライト、前照灯ですね。
気をつけて周囲を見てみると、意外につけてない人が多いんです。

夜間は必ず前ライトを点灯

🄷 自転車の事故のなかでも死亡事故の多くは夜間に発生しています。学校や習い事の帰り、買い物に仕事帰りで路上に人が多くなるうえに、薄暗く見通しが悪く、昼間の疲労もあるでしょう。

　自転車のライトは前を照らすだけでなく、「自転車ここにあり」を周囲の歩行者やクルマのドライバーに知らせるという大事な役割があります。乗っている自分は見えるからとライトをつけないでいると、事故に巻き込まれる危険が高まります。夜間だけでなく、雨の日や薄暗い場所などでも、ライトをつけることは自分を守ることにつながります。

🄱 LEDで明るく広い範囲を照らせる電池式ライト、ペダルが重くならないハブダイナモライト、センサーで自動点灯するオートライトなど、いろいろ便利なライトがあるんですね。

ライトの色、後ろは赤
反射板をライトにつけかえると、安心感がちがいます

ライトの色、前は白か淡い黄色。オートライトは意外に便利

1 これだけは知っておきたい走行ルール

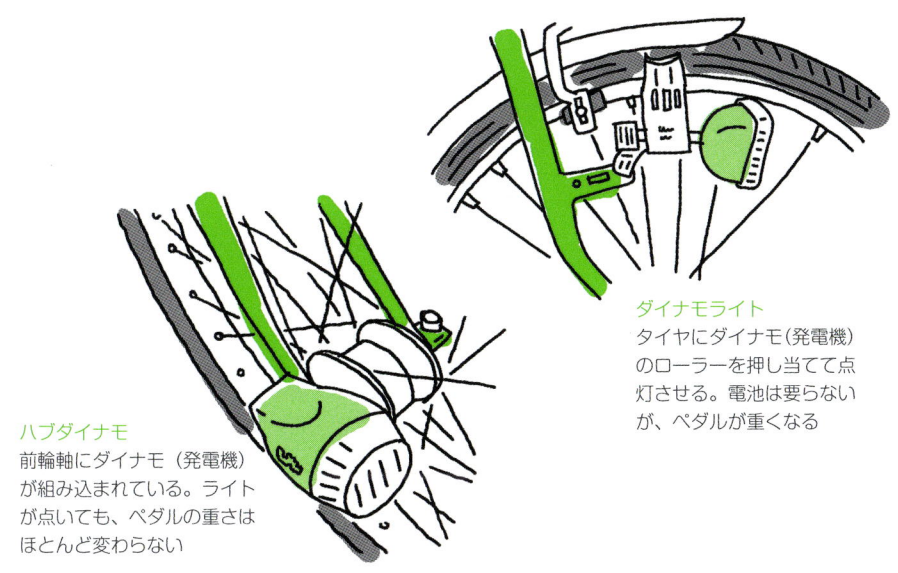

ダイナモライト
タイヤにダイナモ（発電機）のローラーを押し当てて点灯させる。電池は要らないが、ペダルが重くなる

ハブダイナモ
前輪軸にダイナモ（発電機）が組み込まれている。ライトが点いても、ペダルの重さはほとんど変わらない

後ろには赤色フラッシャーがおすすめ

　法律で定められているのは、前のライトと後ろの反射板（リフレクター）です。しかし、反射板だけでは、正直なところ、クルマにとってはそれほど目立つものではありません。また、反射板は光があたる角度次第で見えたり見えなかったりします。

　そこで、赤色フラッシャーがおすすめです。ＬＥＤライトが赤くチカチカと瞬き、後方100メートルからでも十分視認できます。電池もたいして食わないし、本体価格も高くないので、これをつけておくと夜間も安心できます。私はこの赤色フラッシャーを、通勤自転車には３つばかりつけています。もう満艦飾。でも、事故に遭うよりはいいのです。

　ちなみに、自転車につける灯りの色は、必ず「前は白または淡い黄色」で、「後ろは赤」であります。これを逆につけたりすると、あからさまに危険だし、青や緑のライトも、厳密にいうと道路交通法違反になります。注意してくださいまし。

交通事故の現状と自転車保険のお話

自転車に関係する事故のニュース、時々耳にします。
現状がどうなっているか調べてみました。

自転車事故の死傷者のおよそ4割がこどもと若者

🅱 警察庁の統計では、交通事故の発生件数は近年減少傾向にあります。自転車の関係する事故は事故全体の2割前後で、2014年で約11万件でした。事故の内容を見ると、自動車との事故が8割をしめ、その半数以上が出合い頭の事故、次いで右左折時の衝突となっています。

ショックなのは、死傷者の約4割が若者とこどもという現実！ ケガですんでもつらいリハビリが待っていると思うと、とにかく事故に遭わないでと願わずにはいられません。

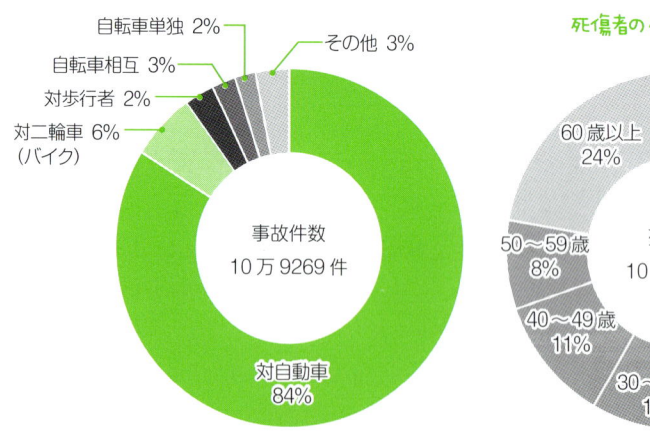

自転車関係事故の相手別割合（2014年）　　自転車乗用中の年齢別死傷者数の割合（2014年）

都内で多い自転車事故

🅱 自転車の関係する事故は、都内だけで見ると2013年で交通事故全体の34.1％と、全国平均よりもずいぶん割合が高くなっています。件数でいうと、自転車の関係する交通事故が1万3515件、うち歩行者との間の事故は794件でした。この数値、交通事故

1 これだけは知っておきたい走行ルール

全体の数から見るとたいしたことがない気がします？

　実は、一般財団法人日本自転車普及協会の調査によると、歩道で自転車との接触事故を経験した人のうち、警察に届けたのはわずか６％。実際には統計よりももっと多くの事故が起こっていると考えられます。

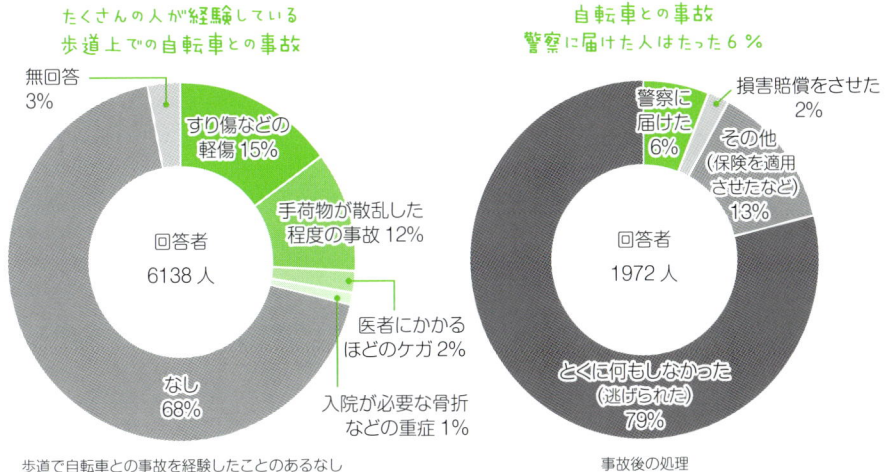

たくさんの人が経験している
歩道上での自転車との事故

- 無回答 3%
- すり傷などの軽傷 15%
- 手荷物が散乱した程度の事故 12%
- 医者にかかるほどのケガ 2%
- 入院が必要な骨折などの重症 1%
- なし 68%

回答者 6138人

歩道で自転車との事故を経験したことのあるなし

自転車との事故
警察に届けた人はたった６％

- 警察に届けた 6%
- 損害賠償をさせた 2%
- その他（保険を適用させたなど）13%
- とくに何もしなかった（逃げられた）79%

回答者 1972人

事故後の処理

　高齢化の進行、また、携帯電話の普及率がアップするにしたがって自転車側が加害者になる事故が増加しました。メールを見ながら、電話をしながら（もちろん片手運転です）の自転車がどんなに危険なことか。ハタで見ていて「恐くないのかな？」と思うのですが、やはり自転車に乗ることが徒歩の延長線上にあるから、こういうことに無頓着になれるのでしょう。

　しかし、これらの運転は、歩道を歩くこどもやお年寄り、また、ベビーカーや車椅子、白い杖の人々にとって脅威でしかありません。ぜひやめてほしいものです。

⑲

小学生の自転車事故でも高額賠償金！

🅱 未成年者が自転車で事故を起こした場合、どうなるんでしょうか？ 小学生が自転車で坂道を走りおりた先で人とぶつかり、保護者に1億円近い賠償金が命じられた判決が話題になりました。

🅗 未成年者が起こした事故では、本人に責任能力があれば未成年者自身が賠償義務を負い、責任能力がない場合は親権者がその責任を負うことになります。

自転車での加害事故例

賠償額	事故の概要
9521万円	男子小学生（11歳）が夜間、帰宅途中に自転車で走行中、歩道と車道の区別のない道路において歩行中の女性（62歳）と正面衝突。女性は頭蓋骨骨折等の傷害を負い、意識が戻らない状態となった。 （神戸地方裁判所、2013年7月判決）
5000万円	女子高校生が夜間、携帯電話を操作しながら無灯火で走行中、前方を歩行中の看護師の女性（57歳）と衝突。女性には重大な障害（手足がしびれて歩行が困難）が残った。 （横浜地方裁判所、2005年11月判決）
4043万円	男子高校生が朝、赤信号で交差点の横断歩道を走行中、旋盤工の男性（62歳）が運転するオートバイと衝突。男性は頭蓋内損傷で13日後に死亡した。 （東京地方裁判所、2005年9月判決）

とにかく自転車保険に入ろう！

🅱 そうか、こどももいずれは大人になる。わが子が事故に遭わないように、だけでは済まないんですね。

🅗 親としてできる最低限のことは、まず教育です。こどもに自転車を与える際に、公共の場である道路を走るには安全に留意し、ルールを守らねばならないこと、もしも事故を起こしてしまったらこどもであっても責任が生じることを伝え、信号を守る、歩道は徐行など、正しいルールを徹底的に教えること。右側通行やケータイ"ながら"運転や夜間無灯火などはもってのほかです。

1 これだけは知っておきたい走行ルール

　でも、どんなにルールを守り、品行方正に走っていても、不幸な事故は完全にはゼロにならない。万が一に備えるには、保険に入るしかありません。特に、歩道上で歩行者を傷つけた場合、自転車は本来、歩道を走ってはならないという観点から、ほぼ100％自転車側の過失になります。決して人ごとではないのです。

　私は日本サイクリング協会に加入すると自動的についてくるＪＣＡ自転車保険に入っているけれど、そのほか、携帯電話会社のauやセブンイレブンなどでも自転車保険を扱っていて、いずれもおすすめです。

保険で備えるのは

対象 保険の種類	事故の相手		自分
	生命・身体	財産	生命・身体
傷害保険	×	×	○
賠償責任保険	○	○	×

B 保険については、自分がケガなどをした場合の傷害保険と、人を傷つけてしまった、相手の自転車やクルマなどに損害を与えてしまった場合の賠償責任保険とを考える必要があります。傷害保険は、自転車事故以外にも家庭内や通学中などの事故の際に治療費などを補償するもので、すでに加入している生命保険や火災保険などでカバーできる場合も多いので、まずはそれを確認しましょう。

　賠償責任保険は、たとえこどもの起こした事故でも重大な責任が発生することがあり、より重要です。自転車に関する事故だけを補償する自転車保険は、傷害と倍賞責任の両方を含み、保険料が年に数千円と加入しやすいのが特徴です。TSマーク付帯保険は、自転車安全整備士により安全が確認された自転車で事故が起こったときに被害者を（相手でも自分でも）救済する保険で、点検日から１年間有効です。賠償責任は加入している火災保険や自動車保険に個人賠償責任補償特約としてついていることもあります。いずれも、くわしくは保険会社などに確認してください。

道路はだれのもの？

疋田　智

　歩道は誰のためのものでしょう。
　その語をそのまま読む限りは「歩行者のため」です。しかし、それだけじゃありません。ベビーカーも通るでしょうし、車椅子も通ります。もちろん視覚障碍者が通るのも歩道です。歩道というのは、そういう「交通弱者」全般のためにあるというのが基本なのですね。

弱者を守るための歩道なのに

　交通弱者というのは、一言でいうと「自分は他を傷つけないけれど、他からは傷つけられる存在」のことです。その交通弱者を守るために歩道はあるのです。弱者優先。これは万国共通の概念で「歩道は交通弱者の聖域」なのです。
　ところが、こと日本だけは、その聖域に自転車が入り込んでいます。自転車は他を傷つけることができる存在だというのに。私もこどもの手を引きながら、ベビーカーを押しながら、何度「危ない」と思ったか、数えきれません。
　その逆に、その自転車がいったん車道に出ると、今でも「自転車は邪魔！」「チャリンコは歩道に上がってろよ！」というようなドライバーに出くわします。あたかも車道はクルマのものとでも言わんばかりに。この日本では「車道がクルマの聖域」であり、それ以外のものが雑多に歩道に押し込められている、というのが現状なのです。
　どうしたって間違っています。
　その結果、日本の交通事故による死亡者は、自転車と歩行者をあわせて過半数を超えるという異常事態にまで発展してしまいました。こんな国は先進国の中では日本だけです（ほとんどの国の交通事故死亡者は、クルマ同士の衝突が過半数を占めています）。クルマばかりを偏重した結果、日本はこのような事態に陥ってしまったのです。
　そろそろ歩道は交通弱者のために明け渡すべきでしょう。そういう時代はやってきたのです。世界からやってくるお客さんに対して「おもてなし」をしようというのに、こんな危険な歩道では恥ずかしいではないですか。
　「車道の自転車は邪魔！」
　よく聞く言葉です。そう口に出して言わなくても、そう思っているドライバーは多いことでしょう。ただ、逆の視点で見ると、自転車にとっては、クルマの方が邪魔なのです。こんなに大きな図体で（しかもほとんどの場合1人しか乗ってない）車道をふさぐなよ、と思います。

どうシェアしていくか

　しかし、お互いがお互いを邪魔だ邪魔

column●道路はだれのもの?

だと言い合っても始まりません。

限りある「車道」というスペースを、どうシェアしていくか。ここにこそ今後の交通社会の要諦はあります。そして、シェアしていくなかで「交通分担率」(移動の手段として何を利用しているかの割合)をも考えなくてはなりません。

現在の分担率は明らかにクルマに偏りすぎです。少なくとも2kmや3km程度の移動距離なら、自転車に乗り換えるべきです。その分CO_2の排出量も、路上に占めるスペースも減るでしょう。路上の占有スペースが減ったら、その分、渋滞も減るではありませんか。

欧米はすでにそのことに気づいていま す。だからこそ、国家をあげて自転車や公共交通の振興策に取り組んでいるのです。

遅ればせながら、次は日本の番です。

自転車レーンや専用信号機、駐輪場など、インフラの整備も必要でしょう。また、今もスマホ片手に車道・歩道もデタラメに乗り続けている、ふらちな自転車乗りたちに「自転車ルール」を徹底して教え込むことも必要でしょう。

そうして、この国の自転車事故ワーストという汚名を返上し、エコで安全で健康的な道路を手に入れる。これこそ我々の国が今後目指すべき道なのです。

2 ようこそ！こども乗せ自転車ワールドへ

進化する「こども乗せ自転車」

都市部では子育てに欠かせない「こども乗せ自転車」。
実は日本独自の進化を遂げているといいます。どんな変化なのでしょう。
また、どんなことに注意して選ぶといいか、考えてみました。

重さに耐え、ふらつき防止、電動でサポート

昭和時代のこども乗せ自転車は、ハンドルがふらつく、倒れやすい、ペダルが重すぎるなど、難点もあったものですが、時代とともにずいぶんと変わってきました。フレームの強度やブレーキ性能、駐輪時の安定性など、安全面が大きく向上しています。中でもハンドルの回転軸の真上に前シートを置き格段にふらつきにくくなった丸石自転車の「ふらっか～ず」形式は、いまでは子乗せ自転車の標準型といえます。

ペダルを踏み出した瞬間、背中を押されているかのようなアシスト感で、のぼり坂もらくらく走れる電動アシスト車の躍進もいちじるしく、バッテリーのもちや出力性能などが年々よくなっています。

近年は安定性のよい太いタイヤや、乗せ下ろしが楽な小さめ（20インチ）のタイヤなどがトレンド。ある程度の値段、名前の通った国産メーカーのものならば、どれをとっても遜色がないできとなっています。

> **安全性の目安に、BAAマークやTSマーク**
>
> 購入の際、安全性のひとつの目安にできるのが、BAAマークや、TSマーク。それぞれ、一般社団法人自転車協会の「自転車安全基準」に適合した、自転車安全整備士が整備、点検したという証しです。　Ⓑ

知ってる？　前シートはおよそ3歳まで

B まず、前シートに乗せられるのはこどもの体重15kg（3歳くらい）まで、後ろは22kgまで。前だとこどもの様子が見えて安心だけど、長い期間使うなら、いずれは後ろ乗せシートが必要になります。

　スポーツ車など、好みの自転車にこども用シートをつけている人もいます。輸入モノこどもシートは色も形もひと味ちがいます。ただ、後ろシートには後ろの荷台の耐荷重が25〜27kg必要とか、前後にこども用シートをつけられるのは3人乗りの基準をクリアした自転車のみなどの制約があります。付け方をあやまると前車輪が浮いたりして危険なので、扱いに自信のない人は取り付けは自転車店に頼みましょう。

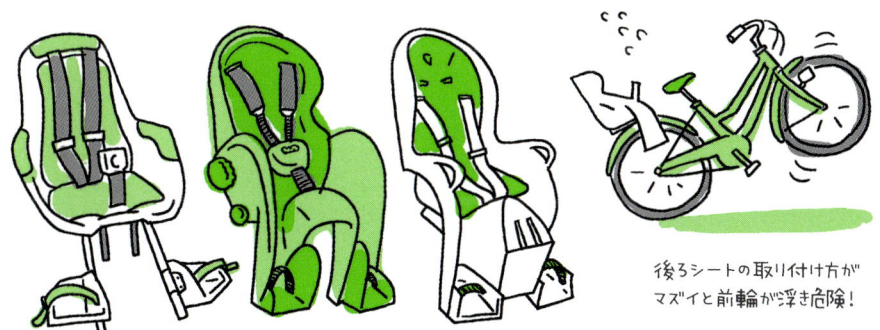

後ろシートの取り付け方がマズイと前輪が浮き危険！

2人乗せるならアシスト車がおすすめ

B なにを重視して選んだかという保護者アンケートでは、家族構成（きょうだいの有無と年齢差）、安全性という回答が多くありました。前後にこどもを乗せて毎日のように利用する人は3人乗りタイプがほとんどでしたが、こどもの年齢差があり3人乗りの期間が少ない、前カゴを利用したいなどの理由で、前シートは後から付けた人もいました。

　価格面では、電動アシスト車は高めですが、購入した人の満足度は高く、「きょうだいがいるならぜひ電動に」「行動範囲が広がった」「こどもが大きくなるにつれ重くなり、アシスト車に買い替えた」という人も。

　「購入時には必ず試乗を」という助言も多くありました。夫婦で自転車を共有する場合は、身長差なども機種選びに影響するので、その意味でもそろって試乗がベストです。

危険もいっぱい、「こども乗せ」5つの心得

こども乗せ自転車を利用する人の多くが、想像以上の重さや
バランスのとりにくさを感じています。また、国民生活センターの
調査では利用者の4人に1人が転倒したことがあるとの結果も。
調査結果などを参考に、こども乗せ自転車を利用する際に
知っておきたいことを、乗車シーンに沿ってみてみます。

その1．ヘルメットは乗せる前につける

転倒した・しそうになるのは、走行時だけではありません。すると、ヘルメットは自転車に乗せる前につけておく必要があります。また、転倒時、こどもが道路に投げ出されたなどの事故を聞くと、シートベルトをつけていればと思わずにはいられません。たまにこどもが後ろシートで爆睡しているわが家では、「自転車もクルマも、乗ったらシートベルト」という決まり。できるようになったら、本人にとめてもらうといいですよ。

狭い駐輪場などでは、こどもを先に降ろしてから自転車をラックに入れたり、荷物を降ろすなどします。乗せる前、降ろしたあとのこどもが、どこかに行ったり転んだりしないようにも要注意。目を離せない時期は長くはないので、なんとか乗りきりましょう。

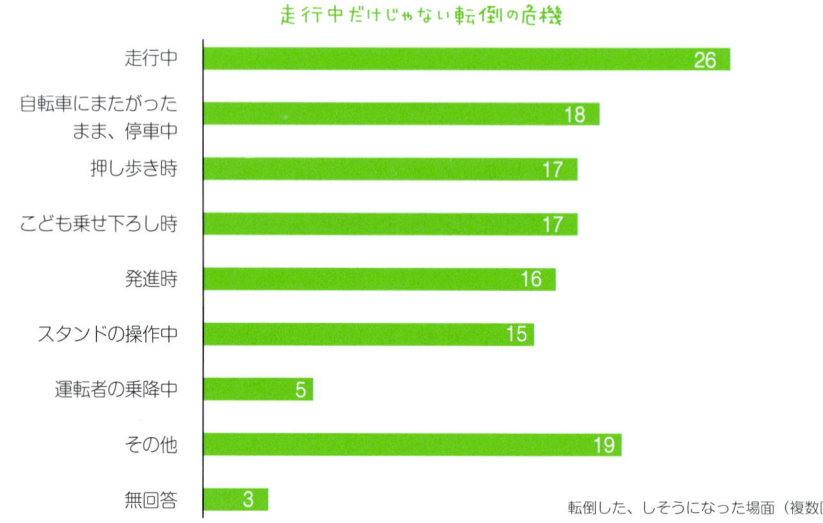

走行中だけじゃない転倒の危機

転倒した、しそうになった場面（複数回答）

その2．押し歩き時のUターン、要注意

🅱 こどもを乗せた自転車は重い！押して歩くときや、ちょっとバランスを崩したときにぐーんと堪え、持ち直すのがたいへんです。とくにUターンでは、何度倒れそうになったことか！ 多くの保護者が怖い思いをしています。駐輪場などでの押し歩き時は、走っているとき以上に注意して、方向転換はなるべく大きくまわるよう心がけます。

ちなみにシートベルトが傷んだり、バックルが壊れたりしたら、交換できるんですよ

その3．こどもを乗せたまま離れない

🅱 こども乗せ自転車のスタンドは年々進化しています。でも、自転車自体がどれだけ安全でも、停める場所が平らでなかったり、こどもが思わぬ動きをしたり、転倒がないとはいえません。ちょっとの用事のたびに、こどもを乗せたり降ろしたりするのは、正直、少々めんどうですが、万が一を思えば、やはりこどもを乗せたままにはできまっせん！ お店の前などで自転車に乗ったままの子がいたら、そっと自転車おさえつつ、保護者が出てくるまでおしゃべりでもしましょ。

スタンドあれこれ

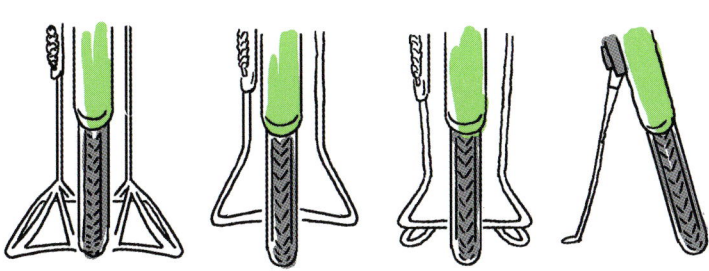

スポーツ車に多い片脚スタンド。この左側に停めてうっかりぶつかると、将棋倒しのリスク大

その4. 走ってるときもバランス注意 ― こどもの動きは想定外

B 二輪で走る自転車は、走り出すときやスピードが落ちたときなど、どうしても不安定になります（その点、電動アシスト車はスピードの制御が楽で、安定感があり、走りやすいといえます）。

加えて、こどもが大きくなると、手を伸ばしたり、立ち上がったり、思わぬ動きをするために、怖い思いをすることも（とくに男子！）。なにより、だんだんどんどん、こどもは重くなります。「こども乗せ自転車、いつも緊張して乗っています」と話してくれた保護者がいましたが、まったくもって同感です。

坂道は、こんなふうに背中を押してもらうとちょっと楽!?

＊サドルは、乗ってみて怖くない、重さを支えられる高さに調整します。ただ、あまり低すぎると、こぎ出すときにペダルが重くなるのでホドホドに

＊走り出すときの"ケンケン乗り"禁止！足をひっかけて転倒の危険があります。またがってからの発進を練習しましょう

その5.降りたら「ハンドルをロック」

🅱自転車を降りてこどもを降ろすときは、スタンドを立ててロックし、ハンドルがまっすぐ前向きになっていることを確かめます。ここで、ハンドルロックの機能がある自転車はぜひロックをかけましょう。最初、一般の自転車に前シートを後付けしていた私は、停めたあとにハンドルがくるんっと回ってヒヤっとすることがたびたびありました。こども乗せ専用自転車にハンドルロック機能が標準的なのもうなづけます。

🅷楽にスタンドを上げ下ろしでき、安定している、というのは、各メーカーの知恵の絞りどころで、その結果として、多くのスタンドは非常にできのよいものになりました。ハンドルロック機能も、メーカー・車種によってはスタンドに連携するなど、進化しています。

雨の日はどうする？ 先輩ママたちの知恵

雨は濡れると不快だし、すべりやすく視界も悪い。
なるべく自転車に乗らないに越したことはありません。それでも、
乗らなければならないときはどうすれば？ 先輩ママたちに教わります。

レインウェアで雨対策

H 雨はね、やはり自転車最大の敵なのですよ。これはレインコートやレインスーツで対処するしかありません。以前に比べ通気性もよく、軽くなりました。防水性と透湿性能で価格に幅がありますが、よほどへんなものでないかぎり、最近の雨具はよくできています。自転車用のものは、アッパーの裾が背中側で長くなっているなど工夫されています。

B ポンチョもオシャレ。山歩きが趣味の人は、防水透湿性の高いアウトドア用のレインウエアを流用するそう。高いけど、着心地はやっぱりちがうかな？

「眼」をカバーするのが大事

H 雨降りの際、ぜひとも気をつけていただきたいのは、「眼」。とくにメガネをかけている人は、レンズに水滴がつくと視界が遮られ、そこに街の灯りが乱反射して（雨天時に乗るのは帰宅時、つまり夕方か夜が多いから）、眼の前がほとんど見えなくなってしまいます。これを避けるには「ツバ」が重要。帽子やヘルメットを目深にかぶって、水滴から眼だけは守りましょう。最近の街乗り自転車用ヘルメットにはバイザーが必ず着いていますので、目深にかぶれば、目に雨は絶対にかかりません。これまたヘルメットをかぶろう、の根拠のひとつとなりますね。

サンバイザーを雨対策に流用。ときどき見かける光景ですが、雨粒で視界が悪くなり、危険なことも

こどもの雨対策にはレインカバー

B レインコートにレインハットを着せて、ちょっとの雨ならこれでも大丈夫。前のシートにつける「風よけ」も、前からの雨をやわらげます。うしろ座席は運転者のかげになり、あんがい濡れにくいです。レインカバーもすてきな商品が増えてきました。前シート用、うしろシート用があり、自転車購入時にそろえるとよさそうです。

> 雨の時は、とにかく
> ゆっくり慎重に走ります

コレをリユース
するのもアリ

ちなみに、カサさし運転はNG

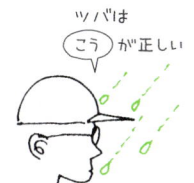

ツバは
こう が正しい

レインウェアのフードも
あまり前にかぶさるもの
は気をつけましょう

H カサさしは、まず厳禁。ついやってしまいがちですが、片手運転でふらつくし、風にあおられ事故の元です。罰則は3か月以下の懲役または5万円以下の罰金。カサを固定するホルダーのたぐいは、道路交通法上はグレーです。風に弱いのはかわらないし、装着してカサをさすと普通自転車の域（幅60㎝以内）を超えてしまい、歩道を通ることは一切できなくなるのです。

自転車にバックミラー？ 便利アイテム

自転車にもバックミラーを

自転車にバックミラー？と思うかもしれません。でも、実はけっこうメジャーな存在で、自転車屋さんやホームセンターにいけば必ず売ってます。道路の左側を走るから、右ハンドルにつけ、右うしろが確認できればOK。走っていて、うしろから迫ってくるのがトラックか原付バイクかわかるだけで、安心感がまったくちがいます。ハンドルの形状によっては取り付けられない場合もあるので、お店で確認してつけるといいですね。ただし、バックミラーでうしろに乗せたこどもを見ることはできません。あしからず。

ワイヤーロック

自転車本体の駐輪時に、二重にロックできれば安心です。また、公園や駐輪場などでこども用ヘルメットをちょい置きするときの盗難防止などにもあると便利ですよ。

グローブ

ハンドルをしっかり握ることができ、転んだときに手を守るのはもちろん、風や紫外線からもガードしてくれます。

ひったくりよけネット

カゴの荷物を守るカバー、実用からオシャレ目のまでいろいろあり。

いずれもホームセンターや自転車店で購入できます。

車輪の科学

疋田 智

　自転車の誤解というもののひとつに「車輪の大きさ」というものがありましてね。多くの人は、小さな車輪を見ると「たくさん漕がないといけなくて大変そう」、逆に大きな車輪を見ると「速そうだけど、漕ぐのに力がいりそう」と感じると思います。ところが、これ、必ずしもそういうわけではないのです。

　自転車のスピードはあくまで、①ペダル近くの歯車部分（チェーンホイール）、②後車輪の真ん中の歯車部分（スプロケット）、③車輪の大きさ、の３者のバランスで決まります。

　車輪が小さなミニベロ（小径車）であろうとも、チェーンホイールが大きく、スプロケットが小さければ、一漕ぎでびゅおーんと進むこともできる。逆に車輪が大きなロードバイクだって、ギアチェンジによって、前小×後大にすれば、シャカシャカ漕ぎにすることも可能で、坂道などすいすい上れたりもします。

　車輪の大小の特性は、実は次の部分に出ます。「小さな車輪は、漕ぎ出しが軽くすぐにスピードを出すことができるけど、スピードの維持がしにくい」「大きな車輪は、漕ぎ出しは重いけれど、いったんスピードに乗ったら、その維持が簡単」。これは「慣性モーメント」というものに関連してまして、つまり、小さな車輪は熱しやすく冷めやすいタイプ、大きな車輪は通常はぼんやりしているけど、一度本気になったら停まらないタイプ、といえるでしょう。それぞれに一長一短があり、使い方によって、どちらの特性を選ぼうか、という話です。

　たとえば都心を走るのが主な人。信号機のGO&STOPが多いところばかりを走る人は、車輪が小さい方が都合がいい局面が多いと思います。小回りもきくし、キビキビと動いてくれます。

　逆に、信号機が少ない地方の道などを走ることが多い人、ロングライドが好き、なんて人は、車輪が大きな方が断然いい。いったんスピードに乗ったら、あとはもうなでるようにペダルを漕ぐだけで、快適なスピードが維持できますからね。

　あとは、タイヤの細さ。ここにも明確な法則性があります。おおざっぱに言うなら「細い方がスピードが出て楽ちん。でも段差を乗りこえにくいし、乗り心地は悪くなる。太い方は、この逆」。

　大きいか小さいか、細いか太いか。車輪の個性は、この２つのバランスで決まります。ご自身の自転車のタイヤはいかがでしょうか。自転車の個性の大部分は、車輪の個性で決定づけられるのです。

親になったらもう一度自転車を学ぼう
― おやこじてんしゃプロジェクトを通して

北方　真起
株式会社パワーウーマンプラス代表取締役
おやこじてんしゃプロジェクト代表

　家事、育児、仕事と忙しい母親にとって、こども乗せ自転車は生活に欠かせないものです。しかし、事故が多いのも現状。自転車に幼児を乗せたことのある保護者の11人に1人が、同乗している幼児にケガをさせた事故の経験があることをご存じですか？　その事故の大半は自転車の転倒によるもの。頭や顔のケガが4割で、一歩間違えると致命傷になりかねません。

　こども乗せ自転車に関する悲惨なニュースや、自分自身の事故の体験などをきっかけにこども乗せ自転車の事故ゼロを目指し、2013年5月に「おやこじてんしゃプロジェクト」を立ち上げました。

ママ同士だから心をつかむ

　そもそも、自転車を三輪車やローラースケートなどと同じ、遊具の仲間と捉えている人は多いのではないでしょうか。道路交通法上、自転車は車両の一種です。クルマの仲間であり、遊具でも、歩行者の仲間でもありません。車道通行が原則で、左側通行というルールがあります。飲酒運転、信号無視、片手運転など、ルールを破れば罰則があります。

　このプロジェクトは、自転車について学んだママたちが進行役（ファシリテーター）となり「おやこじてんしゃ勉強会」を開くことで、保護者のみなさんに、自転車に関する知識と意識を身につけていただき、こども乗せ自転車の事故を減らしていこうというものです。立ち上げから約2年で関東、関西を中心に3000名を超える保護者の方にご参加いただいております。

　勉強会を開催し感じることは、ママたちの多くは自転車に関しての情報や知識が少なく、安全意識が低いということです。「自転車はどこを通ってもいいと思っていた」「ヘルメットはこどもが嫌がるからかぶせない」などの発言をされる方は少なくありません。このような知識と意識の欠如が事故につながるといっても過言ではありません。

　勉強会を進行するのも、参加するのもママです。ママからママへ伝え、共に学ぶ会。その中で、参加者の心をつかむのは同じママ参加者の自転車の事故経験談やヒヤリ体験です。身近な存在の方からの話は、他人事ではないという意識につながります。「勉強になった」「これから気をつけたい」「気づかせてくれてよかった」など、前向きな感想を多くいただきます。しかし、自転車に関することは学んだだけでは意味がありません。

column ● 親になったらもう一度自転車を学ぼう

学んだことを、実践し続けよう！

　ある時、かかってきた電話を忘れることができません。自転車でクルマに接触し、転倒事故を起こしてしまった方からのものでした。「事故にはあったものの、おやこじてんしゃ勉強会でヘルメットとシートベルトの重要性を学び、着用していたおかげで、ケガはなく、こどもの命を守ることができました」という感謝のお電話でした。「事故」の言葉に、息をするのも忘れるくらい驚く一方、お子さんが無事だったと聞き心から安堵しました。そして、何度もお礼を言うその方に「お子さんのケガがなく済んだのは、学んだことを知識に終わらせず、行動を変えたお母さんのおかげだと思います」とお話しさせていただきました。

　自分自身も2児の母。ヘルメットが大事だとわかっていても、慌ただしい毎日の中で、「少しくらいならかぶらせなくても大丈夫なのでは？」と思ってしまう気持ちもわからなくもありません。しかし、一瞬の油断が大敵です。学んだこと、意識したことを、毎日の生活の中で繰り返し実践していくことが何よりも大事だと、改めて気づかせていただいた出来事でした。

　最近は保護者やこどもがケガをするだけでなく、自転車が歩行者にぶつかってケガをさせる事故が増加しているそうです。自転車は手軽で身近な乗り物ですが、扱い方を誤ると時として、走る凶器になりかねません。親になったら、こどもを乗せることもありますし、成長したらほとんどのこどもが一人で自転車に乗るようになるでしょう。その時のためにも、親としてもう一度自転車について考え、学んでほしいと思います。

　いつもより高い視点。ほっぺたにふれる風。流れる風景。小さなこどもにとって、自転車に乗って体験する世界はワクワクできる未知の時間です。

　自転車のルールを知り、保護者としての安全意識を持っていただきたいと思います。そして、自転車をただの移動手段と考えるのではなく、親子の大事な時間としてぜひ楽しんでくださいね。

　さぁ親になったら、もう一度自転車を学びましょう。

●おやこじてんしゃプロジェクト
http://powerwomen.jp/project/bike/

3 こども用自転車の選び方・教え方

多様化する乗り物おもちゃ

幼い子向けの乗り物といえば、まず三輪車、次に補助輪つき自転車、慣れたら補助輪をはずして……というのがこれまでは一般的でした。
今、幼児向け乗り物もぐっと多様化していますよ。

三輪車は「手押し棒」の有無が分かれ目

B 三輪車は手押し棒つきのものがたくさん登場しています。ちょっとした荷物も運べ、ベビーカーの次に乗せるものとして活用されています。その場合、手押し棒で左右に曲がれるかじ取り式かどうか、手押し棒がとりはずせるかなどにより違いがあります。

三輪車をこぐのは２～３歳でもなかなかむずかしく、押して歩くのが中心なら、手押し棒つきが現実的。乗り物として遊ぶなら、手押し棒のないタイプ、はずせるタイプの三輪車がよいでしょうね。ただ、平日・休日の過ごし方によっては、「あまり乗らないうちに大きくなった」という声もありました。

三輪車は、手押し棒やカゴがつき荷物を運べるなど、ベビーカーの延長で使用できるものから、こども自身が乗って遊ぶものまで、バリエーション豊富

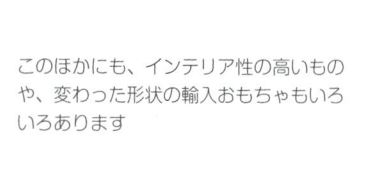

このほかにも、インテリア性の高いものや、変わった形状の輸入おもちゃもいろいろあります

3　子ども用自転車の選び方・教え方

人気のペダルなし二輪車

B このところ増えているのは、ランニングバイク、トレーニングバイクなどと呼ばれるペダルのない二輪車。足で地面をキックして進むので2歳ごろから乗れ、バランス感覚が育つ、自転車への移行がスムーズとして人気が高まっています。実際、ペダルなし自転車に乗っていたから補助輪なしですぐ自転車に乗れるようになったと聞きますよ。三輪車に比べ軽量で、公園などに持ち運びもしやすく、またこども自身でも扱いやすい点もいいのでしょう。

　注意事項は、一般道路での走行禁止という点。ブレーキやペダルのない乗り物は玩具とされ、公園など安全な場所で利用します。公道上で見かけることもあるのですが、「坂道を遠慮なく降りてくるペダルなし二輪車が怖い」という悲痛な声も。停まれない二輪車は、乗っている本人にとっても危険です。気をつけましょー。

バランス感覚を育て、自転車への
移行がスムーズと人気

坂道や公道で
乗ってはいけません！

坂道で転倒、衝突して受傷などの事故があり、2014年7月、国民生活センターから「必ず保護者が立ち会い、ヘルメットを着用して利用する」など、注意喚起の情報が出されています

クイズのこたえQ3＝② クランクやブレーキがなく「遊具」とされ、公道を走ってはいけません。公園など、安全な場所まで運んで乗せましょう。ヘルメットは義務ではありませんが、安全のためにも必ず着用を。

こども用自転車はこう選ぶ

あれこれ乗り物おもちゃを楽しんだら、いよいよ自転車デビュー。
こども用自転車は、なにを目安に選んだらいいでしょうか？
自転車ライターの遠藤まさ子さんに教えていただきました。

自転車選びはお店選び

遠藤 まずお伝えしたいのは、自転車はいのちを預ける「乗り物」だということ。クルマに車検があるように、自転車にも定期的な点検と整備が欠かせません。となると、行きやすい場所に信頼できる自転車店を見つけることがまず大事になります。自転車技士や自転車安全整備士などの専門技術・知識をもった店員さんのいるお店なら、その子にあった自転車選びに適切な助言をしてくれますよ。

B 離れて暮らす祖父母がプレゼントしてくれるなどの場合は、どうしたらいいですか？

遠藤 自転車は試乗して買うのがベストなので、その場合でも自宅近くのお店で購入するのがいいですよ。整備が必要なのでと断ってこちらで選び、祖父母には写真を送るなどして感謝の気持ちを伝えましょう。自転車はタイヤのサイズが同じでも、フレームやハンドルの形、デザインによって、乗り心地にかなりちがいがあるんですね。乗る子自身が試乗して選び、サドルの高さやブレーキの効き、握り巾なども、お店で調整してもらうといいんですよ。

B なるほど。ちなみに、サイズやサドルの高さに目安はありますか。「できればちょっと大きめを」などと、つい思ってしまいますが。

遠藤 初めての自転車なら、またがったときに両足が地面につく、今の体のサイズにあった自転車のほうが怖さを感じず、乗りこなせるようになるのも早いと一般にはいえます。ただこれも、その子の性格や年齢、これまでの乗り物体験などでずいぶん違います。大きめの自転車にする場合でも、ブレーキをしっかりにぎることができるかは、必ず確かめてあげてくださいね。大きすぎたり、ハンドルバーが長い自転車などで、腕をのばしきった状態になってしまうものは、ハンドル操作がしにくく危険なので、お勧めできません。

ファースト車、わが家の場合

🅗 ウチの場合は、最初にペダルなし二輪車、上の子が5歳になる頃こども用の「本格派自転車」を導入。ブリヂストンの「レベナ」という、当初からスポーツ自転車というか、乗車姿勢も欧州型のフォームのものを選びました。若干お値段が高いのが玉にキズ。

　一般的に、こどもが自転車に乗れないというのには理由があります。ペダルに右、左、と体重をかけることでバランスが崩れてしまうのです。それと、補助輪。これがじつは甘い罠（笑）でしてね。こどもは往々にして補助輪付きのものをほしがるのですが、補助輪に慣れてしまうと、カーブが曲がれなくなってしまいます。自転車というものはカーブを曲がるために内側に体重をかけるのですが、補助輪つきだとそれができません。それどころか、遠心力にまかせて外側に身体を傾けたままで、外側の補助輪に頼って曲がろうとする。これでは逆効果です。補助輪といっしょにペダルをはずすこと（40ページ参照）。これが自転車キッズへの近道なのです。

🅑 まさにわが子は5歳の今、その補助輪つき16インチをお譲りでゲットし、ガラガラと音をたてながらこいでいます（か・な・り、うるさい）。スピードが苦手なのでバランスをとるどころでなく、ペダルをはずすと、今度は重い自転車の扱いに苦しんでいます。ま、遠回りしてもいずれは乗れるようになるでしょう。

おさがり、リユース自転車はここをチェック

🅗　しばらく使っていなかったものや、譲ってもらった自転車があったらぜひ乗りたいところ。一見きれいに見えてもガタがきていることもあるので、次の部分をみます。

①基本はネジの増し締め。10cmほど持ち上げてから下に落としてみて、チャカチャカ金属音のする部分はネジが緩んでいるので、ドライバーか六角レンチで締めます。②手回し確認はハンドル、両輪のつけ根、ペダルとサドル。安全に直結するこれらが緩んでいないかは、念入りに確かめます。異音が出るなどの場合は、自転車店で見てもらいます。

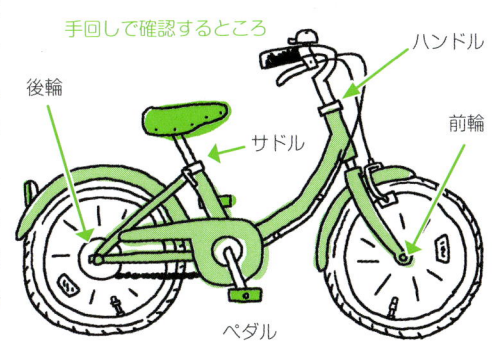

乗り方はホメホメ作戦で教えよう
(乗り方指導公園編)

初めての人でも短時間で自転車に乗れるようになるとして、
神宮外苑サイクリングセンターで指導している練習法を、
日本サイクリング協会の土田正友さんに教えていただきました。

土田 乗り方指導のコツは、とにかくほめることなんです。ここがダメ、こうしてああしてといちいち言われたら、誰でも嫌になってしまいます。上達には乗る本人のやる気がいちばんなので、「自転車乗りたい」「もっとやりたい」と意欲がもてるような声かけをします。幼い子には言葉だけでは伝わらないので、まずお手本を見せてから、やらせてみます。

まず、ペダルを専用レンチではずす

土田 ペダルをはずすのは、自転車に乗れるようになるための近道です。ペダルは、根元を専用のレンチで後ろ方向に回してはずします（ペダルは、左側は左ネジ、右側は右ネジとなっています）。むずかしいときは自転車店ではずしてもらいます。
※一部、工具なしでペダルを着脱できる自転車もあります。

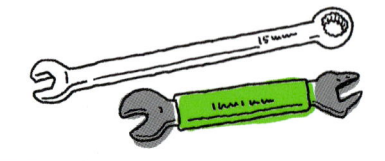

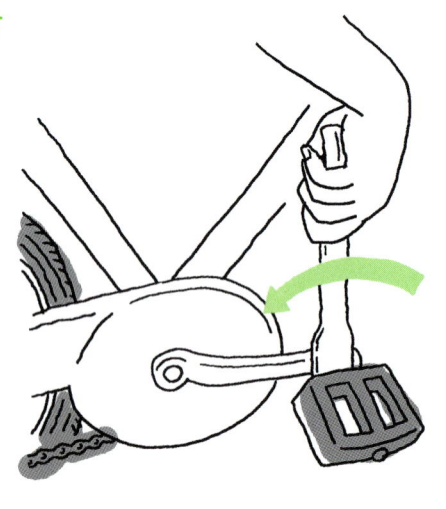

どこで練習するの？

　自転車の練習は、公園など安全な場所ではじめます。車が来ないだけでなく、人とぶつからない広々したところで、もしあればゆるい坂道になっているところなどがいいでしょう。
　練習の時もヘルメットは必ずつけます。脱げにくい運動靴をはき、あれば手袋やプロテクターなども利用しましょう。
(土田)

3 子ども用自転車の選び方・教え方

「左側から乗り降りするよ」

土田 自転車は原則、車道を左側通行で、その右側はクルマが走ることから、自転車は必ず左側から乗り降りします。はじめに左側に立たせ、「左側から支えるよ」「乗る時も降りる時も左側だよ」と、体で覚えられるようにいつも言葉を添えます。

B 実際こどもを見ていると、右側にも左側にも降りるんですよね。右とか左が、そもそもまだよくわかっていないんですね。言葉をかけるだけでなく、体で覚えられるようにというのは、納得です。

「またがって両足でけって進もう」

土田 自転車にまたがったら、両足で地面をけり、前に進みます。このとき、まず見本を見せてから、こどもにやらせます。コツは「遠くを見る」こと。下ばかり見ていると、ヨロヨロしてなかなか進めません。少し離れたところから、「こっちに来てごらん」と声をかけるのもいいでしょう。両足でけるのがむずかしいときは、片足ずつ歩くようにけって進んでもいいですよ。

前を見るのがポイント

こっちだよー

「5回キックしたら、足をあげるよ」

土田 地面をけって進めるようになったら、けった足を地面からあげてみます。スピードが出たほうがバランスがとりやすく、足を長くあげていられるようになるので、「5回キックしたら、足をあげてごらん」などと声をかけます。このときも「遠くを見る」ことを忘れずに。

「ブレーキは両方の手でぎゅっと！」

土田 最初は自転車を足で止めていることと思いますが、慣れてきたらブレーキをかけることを伝えます。ブレーキはまずは両手で同時に握るように練習します。最初はそれほど速く走らないでしょうが、スピードが出ているとき、右のブレーキだけをかけると急停止して危険だからです。

　ある程度スピードを出して走れるようになったら、スピードの調節のために左ブレーキを先にかけ、次に右手のブレーキをかけるようにします。

できたら、すかさずほめる！

3　子ども用自転車の選び方・教え方

傾いたほうにハンドルを向ける

土田　つぎは、ハンドル操作の練習です。自転車が倒れそうになったら、傾いたほうにハンドルをきる感覚をつかみます。このときも、手本を見せたり、自転車にまたがったこどもの左側からいっしょにハンドルをつかみ、車体が少し傾くほうにいっしょにハンドルを切って立て直してみてから、同じようにやらせてみます。足でキックしながら、自分の思うように、右にも左にも曲がれるようになるまで十分練習します。

傾いた方に少しハンドルを切ると、
立て直せる感じを味わわせます

ここまできたらペダル装着

土田　ペダルは専用のレンチで、はずす時とは反対に、前方向にねじこんで装着します。

> #### 自転車屋さんと仲良くなろう
> 　ペダルのつけはずしは、専用レンチがあればできますが、できないときは自転車店でやってもらいます。購入、定期点検をはじめ、空気を入れたり、パンクの修理、補助輪をはずしてスタンドをつけるなど、自転車に乗っていれば、なにかとお世話になる機会がある自転車店。近くに信頼できるお店があるといいですね。お店によっては、サイクリングや自転車レースなどのイベント情報を掲示しているところもあり、新しい出会いにつながるかもしれません。　Ⓑ

ペダルをつけたら、まず「こぐ"練習！」

土田　ペダルを装着したら、まずスタンドを立てて両足こぎの練習をします。この時も、「前を見て」、スムーズにこげるようになるまでくるくるくるくるやりましょう。必ずスタンドのロックをかけます。

🅗 スタンドが片脚の場合は、ここはとばしてもかまいません。

右足ペダル＋左足は地面キック

土田　「こぐ」感覚がつかめたら、右のペダルを下におろして右足をのせ、左足は地面をけりながら、走り出します。バランスがとれたら、両足ともペダルにのせてこいでみます。

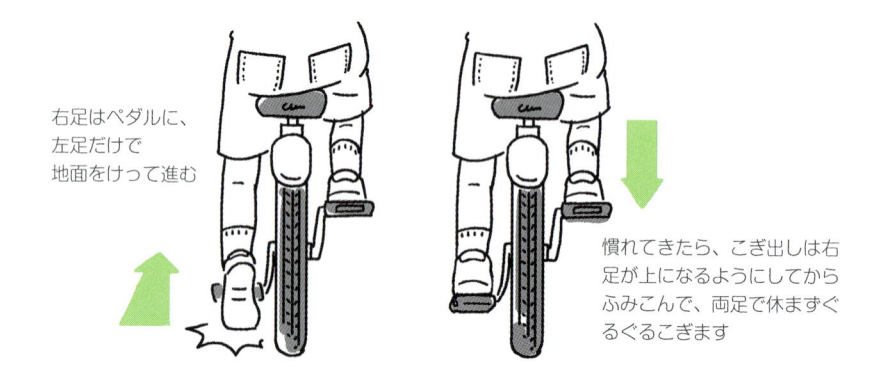

右足はペダルに、左足だけで地面をけって進む

慣れてきたら、こぎ出しは右足が上になるようにしてからふみこんで、両足で休まずぐるぐるこぎます

ペダルをふむのは足裏のどこで？

　足のうらの真ん中にペダルがくるようにすると、バランスよくこぐことができるようになります。慣れてきたら、親指のつけ根（拇指球 ぼしきゅう）をペダルに乗せると、さらにこぎやすくなります。　　　　　　　　　　　　　　　　　　　　　　　　　　　　　　　　（土田）

乗り方教室なども上手に利用して

土田 自転車は4、5歳くらいから練習し始めることが多いと思いますが、親が教えると、「疲れたー」などとこどもが甘えたり、思うようにできなくて親のほうがイライラしてしまったり、ということもありますね。

ほめるのがとても大事ですが、うまくいかないときは乗り方教室などを利用してください。よその人から言われると緊張感があり、こどもも素直に聞けるということもあります。

公園までの押し歩きや、自転車が倒れたときに起こすなども、こども自身にさせるといいですよ。親はなるべくかまわないで、自転車の扱いに慣れさせることです。

🅱 先輩ママたちに聞くと、自転車に乗れるようになるまでのストーリーは十人十色。きょうだいでもすぐ乗れた子とゆっくりの子がいたり、上の子にくっついて下の子は早くから乗れたなど。わが子の場合、「乗りたい！」けど、「ダメだー」「疲れたー」で、なかなか進歩しません。トホホ。疲れたら自転車は置いて、遊んでいます。

🅷 私の場合、最初は「自転車英才教育だ」と意気込んでいたんですよ。ところが、困ったことに、上の子（当時4歳）はニブいのか、ちゃんと乗れるようになるまでにトンデモなく時間がかかりました。おかげで、バランス感覚が十分でないときにペダルを与えると、「自転車に乗れない」が起こることがよくわかりました。

次男（当時2歳半）などは「ペダルを回すと前に進むのだ」というコンセプト自体が理解できませんでした。わが子ながらアホかもしれないと思ったのですが、ま、こどもは人それぞれです。それぞれのペースで自転車に親しんでいきましょう。

片脚スタンドか、両脚スタンドか

こども用自転車のスタンドは片脚と両脚とどちらがいいか。それぞれ次の特徴があります。

片脚スタンド　軽くて止めやすい。倒れやすい。安価。
両脚スタンド　止めるのに少々力が必要。安定性あり。

止めやすさ重視なら、軽く操作のしやすい片脚スタンドがよさそう。ただ、片脚スタンドは傾斜のあるところや、風の強いときなどに倒れやすいのが難点です。両脚スタンドなら、後ろに足を置き、テコの原理を利用する止め方を教えましょう。カゴに入れる荷物が多いかどうか、自転車置き場に屋根やラックがあるかどうかなどによっても、選び方がちがってきます。どちらにしても、スタンドは後から取り替えもできますよ。　🅱

交通ルールは日々くり返し、積み重ねで
（乗り方指導路上編）

自動車の教習でも所内と路上があるように、
自転車自体に乗ることができても、それだけではマズイ。
ということで、交通ルールをどう教えればいいのか、
多摩市立交通公園指導員の長坂利夫さんに伺いました。

「日頃から」が大切

長坂 身近な保護者の行動は、そのままお手本です。自転車に乗れるようになるよりもずっと前から、道路のどこを歩き、横断歩道や信号をどう渡るかなどを親は教えていますね。自転車のルールはその土台の上に積み上げていくものです。

こどもの交通事故は、自宅の近くで起きることがほとんどなので、こどもと一緒に、近所の道を実際に通ってみながら、こどもの目の高さで点検しながら教えることです。

大事なことはまず3つ

① 道路は左側を走る

長坂 道路交通法では13歳未満は自転車で歩道を通ってもいいと定められていますが、まず自転車走行の原則「自転車は車道」を教えます。それには、歩道と車道が分かれていない住宅街などで練習するといいでしょう。「自転車はタイヤがあるから、クルマのなかま、道の左側を走るよ」という言い方でどうですか。白い線（路側帯）のある道路でも、道幅や人がいるかどうかに配慮しながら、道の左側を走らせます。

交通量が多く、車道と歩道が分離された幹線道路などでは「こういうところでは、歩道も通っていいよ。車道寄りを、ゆっくり通るよ」と付け加えます。

② 交差点では一時停止

長坂 信号のない交差点では、必ず停止線で一時停止をしてから前進し、左右から近づいてくるクルマや自転車がいないことを確かめて渡ります。

B 交差点にあるカーブミラーは、こどもにも教えるんですか？

長坂 大人はカーブミラーを見て判断できますが、こどもには、カーブミラーは目に入りません。必ず実際に目で見て確認させます。

見通しの悪い道や交差点、クルマや人が急に出てきそうな路地、出入り口がないかを一緒に確かめ、あれば注意をうながします。

信号のある交差点は、信号に従います。

> 止まってるクルマのドアが急に開くかもしれないよ！注意するんだよー！

③ 片手運転・無灯火はダメ

長坂 親子で走る時期にはそれほど問題はなくても、いずれはこどもだけで行動するようになります。そうなるまでのあいだに、禁止事項をくり返し伝えます。並んで走る、２人乗り、ケータイやスマホを見ながら走る、イヤホン・ヘッドホン、カサさし運転、無灯火など。

一緒に歩いているときやクルマでの移動時も、危険を伝えるいいチャンスです。ルール違反の自転車を見かけたら、真似しないように教え、なぜ危険なのかも説明します。

🅱 毎日の園への送迎、公園へのお散歩、お出かけで駅に行くとき……、道路を利用することはそのままこどもと一緒に学ぶ機会なんだと思うと、こども乗せ自転車で走っているときの自分の走り方や、そのときの話題も、考えさせられますねー。

どうして止まったの？

歩道は歩く人の通るところだから、「お先にどうぞ」してるよ

小学校に入学すると、幼児期より行動範囲が広がります。高学年になれば、ひとりで、あるいは友達と行動する機会も増えます。こどもたちの多くは小学生から自転車に乗り始めるので、その前後の時期にしっかりと交通ルールとマナーを身につけられるよう教えてください。

幼いときからくり返し、実際の道路のようすを踏まえながら教えることができるのは保護者だからこそですよ。 (長坂)

## こどもに伝わる言葉かけ

「〜しなさい」なんていうと「やーだよー」「聞こえな〜い」
「わかってるから、言わないで！」。
親のいうことには素直に従わなくなってきたころに、
こどもと自転車との本格的なつきあいが始まります。
危険を避ける行動を身につけさせるのに、
どんな言葉をかければいいの？　『こどもに伝わる指導法』著者で
保育士の矢吹秀徳さんにお話を伺いました。

「クルマ！」「危ない！」だけはＮＧ

矢吹　こどもと一緒にいるとき、危険な場面ではとっさに「危ないっ！」「クルマ！」などと叫びがちですね。でもそれだけでは、こどもはどうすればいいかわからず、戸惑ってしまう可能性があります。こどもへの言葉がけは、「前からクルマが来たよ、端へ寄って！」「危ないから止まって」など、できるだけ具体的な言い方をするのがいいんですよ。

右、左はどう教える?

矢吹 前と後ろは3、4歳でわかるようになりますが、左右は年長さん(5歳台)になってやっとわかってくる、それも個人差があります。

　一緒に道を歩きながら「右に曲がるよ」「左に行くよ」と何度も何度も耳にして、実際にそちらに曲がる経験を積み重ねるなかで、理解できてくるもの。言葉だけで指示が伝わるようになるのは、小学校に入ってからと思っておくほうがいいかもしれません。保育園の散歩では「右に曲がるよ」などと保育者が声をかけながら、腕でも右を指すなど、ここでも具体的な行動で示すようにしているんですよ。

右にまがるよ

叱る時は本気で、タイミングを逃さずに

B いくら言っても、伝わらない、できない。友達と一緒にいた日にゃ、なにを言っても馬耳東風。日々、こどもに声を張り上げることになってしまいます。

矢吹 こどもは友達と一緒にいるときなど、高揚して気持ちが散漫になりがちですよね。怒りたくはなくても、道に飛び出すなど、危ないことをしたときはタイミングを逃さずに、その都度叱るしかないんですよ。

クルマにぶつかると痛いこと、ケガをすればみんなが悲しむことを伝えます。ダメなときは手を離さない、体を押さえるなど、こちらが言った言葉と行動を一致させ、本気で叱ります。

叱るときと叱らないときがあるなど、親の態度に一貫性がなかったり、あとから怒ったりすると、大事なことがこどもに伝わりません。

保育園では、散歩のとき、年長クラスになると、あえて保育士は口を出さず、1人1人が自分で判断して道を渡ったりできるかなど、自分の身を自分で守れるようになることを目標に長いスパンで指導します。できたときにほめることも大事ですよ。

遊び体験も大事です

こどもが、いつ自転車に乗れるようになるのか。これは家庭での自転車利用や休みの日の過ごし方などによっても、ちがいがあります。ハンドルをしっかり握る、ペダルを踏み込むなどの動作には、基礎体力の有無も大きく関係します。鬼ごっこで走る、ジャングルジムに登るなど、遊びのなかで基本的な体力や感覚が育っていることも大事ですよ。もし今うまく乗れなくても、ほかの子と比べたり、きびしいことを言ったりはしないでくださいね。　　　　　　　　　（矢吹）

4 もっと自転車を楽しむために

どうするの？　日々のお手入れ

買ったばかりの自転車はピカピカして誇らしい。
このワクワクする気持ちがずっとつづくように、
だれでもできる自転車のメンテナンス、やってみましょう。

「拭く」から始まるメンテナンス

🄗 自転車とのつきあい、つまり手入れの基本は「拭くこと」です。雨に濡れたときは帰宅したらさっと拭く。月に1度、ぞうきんで10分拭いてみる。気合いをいれて「汚れを全部落とそう」なんて思わなくても、「とりあえず拭くか」だけでいい。それだけで、自転車に愛着みたいなものがわいてくるし、さびているところや塗料のはがれ、ネジのゆるみなどもわかってきます。わかれば対処できるようになり、整備不良の事故なんてこともなくなります。

ものを愛すると、それは結局自分自身に返ってくる、安全の基本はそういうところにあると思います。

タイヤに空気を入れよう

🄗 つぎはタイヤに空気を入れます。なにを当たり前のことをと思います？　スーパーの駐輪場なんかで時々並んでいる自転車のタイヤを数台つまんでみると（極私的市場調査です）、どれもこれも空気が足りない。もっとパンパンに空気を入れましょう。いや、パン

定期点検のすすめ

　自転車は年に一度は定期点検をすべきものなのだとか。じつはこれまでやったことがなく、さっそくお願いしてみたところ、ハンドル、ペダルにブレーキ……と10項目ものチェックで「問題なし」のお墨付き。乗り味もなんだか軽くなりうれしい！　おまけに点検で「TSマーク」を取得すると、それがそのまま1年間の自転車保険になります。安心でお得な自転車定期点検！そこで購入した自転車でなくても点検してくれるお店もありますので、お確かめください。　Ⓑ

4 もっと自転車を楽しむために

パンどころかカチカチに。数値でいうと 4.0 気圧程度です。すると、タイヤの接地面積が小さくなって、転がり抵抗が格段にさがって、進みやすくなります。自転車のペダルってこんなに軽かったっけ？と思い直すこと請け合いであります。

　タイヤの空気はしぜんに抜けてしまうため、定期的に入れる必要があります。空気が少ないとタイヤが傷みやすく、段差を乗りこえる際にパンクしやすくなる（リム打ちといいます）ということもあるのです。

チェーンに油を注そう

一般にシティサイクルやこども乗せ自転車はチェーンが見えません。たいていはチェーンケースに収められていますからね。しかし、実はそのチェーンケースのなかで、往々にしてチェーンはサビだらけになっているのです。

　しかし、大丈夫。ドライバーでチェーンケースを外すなんてめんどうなことはしなくてもOKです。スプレー式の潤滑油にノズルをつけて、チェーンケースの隙間に差し込みましょう。クランク（ペダルとギアをつなぐ棒状のパーツ）の付根からチェーンに向けてシュッ、リアハブ（後輪の中心部）近くの隙間からもシュッ。その後ペダルをぐるぐる回すと、チェーンのサビがぼろぼろ落ち、油がチェーンに染みわたり、格段に乗りやすくなります。はみ出た油はぞうきんでぬぐっておきましょう。

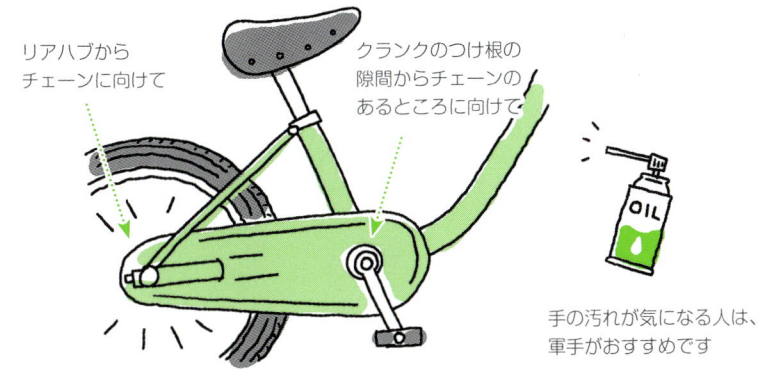

リアハブから
チェーンに向けて

クランクのつけ根の
隙間からチェーンの
あるところに向けて

手の汚れが気になる人は、
軍手がおすすめです

「こども乗せ」を卒業したら

こどもを乗せる必要がなくなったら……。
こども乗せ自転車にそのまま乗り続けるのでなく、
ちょっと手を入れてみませんか？

こども用シートをはずそう

🅑 こどもが自分で自転車に乗るようになったら、こども用シートどうします？ そのままでも物を載せられますが、工具があればシートは自分でも外すことができ、シートをバスケットに取り替えるだけで気分は一新しそうです。いらなくなったシートははずして、さっそうと身軽に乗りませんか？

サドルをあげよう

🅗 日本で自転車に乗ってる人のサドルは、たいていの場合、低すぎます。これを思い切り高くする。思い切りってどの程度かというならば、サドルに座って片側のつまさきがようやく地面につくくらい。これが適正（えへん）。

🅑 えー、そんなに高く!? とまる時はどうするんですか？

🅗 大丈夫。図のように、お尻をサドルの前に出して、フレームをまたぐような格好でとまる。で、ふたたびスタートするときは、サドルにポンとお尻を載せる、これだけ。10分も練習すればすぐ慣れます。日本以外の国の人々は、みんなそうしてます（これホント）。走り始めてみるとすぐにわかるんですが、ぐんぐん進みます。気持ちいいですぞ。

サドルを高くするとぐんぐん進みます　　　　とまるときはサドルからおります。練習練習！

B ス、スピードをさほど追求していない人にはどうなんでしょうか。

H スピードを出す、出さないよりも、これが「楽」なんです。慣れてみるとわかるんですが、このポジション、格段にこぎやすいんですね。スピードはその結果としてついてくる、という感じです。

それにもうひとついいことがあって、こうしてサドルをあげると、脚が細くなるのです！

人間の脚というものは、膝の関節が110度前後のときいちばん合理的に力をかけられるのです。高サドルポジションはおおむねその程度になります。逆にママチャリ的な低サドルポジションだと、膝角が90度未満になってしまう。これでは力が入らない。入らないところに無理に力をかけると、ややや、太ももがモリモリに鍛えられてしまいます。

合理的な運動はその部位を引き締める。サドル高ひとつとっても、その法則は生きているのです。ぜひ、お試しあれ。

シャカシャカと低いギアで走ると美脚効果大！

ペダルは親指の付け根の下でふむのが、よいフォームだそうですよ

親子がいっしょに走るには？

自転車そのものに慣れないうちは、こどもは自転車に乗り、
親は徒歩でいっしょに歩くなどしながら近所を歩いていますが、
いざ２人でそれぞれ自転車に乗るようになったら、
どっちが前を走ればいいんでしょう？

最初は「子が前」で

親子でそれぞれ自転車に乗るようになったら、「こどもが前、親が後ろ」が基本。後方から来るクルマに注意を払いながら、後ろから「止まれ！」や「左に曲がるよ〜！」などの指示を出します。でも、声が十分届くか、話しかけたいこどもが振り向かないかなど、ヒヤヒヤしますね。

少し慣れてきたら「親が前、子が後ろ」で、親が子を先導するのもありかもしれません。でも、親から子が見えないので、気づいたときに「あの子はどこ？」ということになりかねない。こういうときのためにも、バックミラーがあると安心。

しっかり走れるようになるまでは、歩道と車道の分かれた道はなるべく避け、どうしても歩道を通るときは、「歩く人優先」を伝え、車道寄りを通ります。

段差に乗り上げるときはスピードを落とし、なるべく直角に（ナナメだと転倒しやすく危険）、自転車を追い越すときは右側から（クルマの追い越しと同じです）など、小さなコツを日々伝えよう

楽しい自転車いろいろ

疋田　智

　日本で自転車といえば、イコール「ママチャリ（軽快車、婦人車、シティサイクル）」を指すことが多いと思います。これは日本だけが歩道通行を許されているという特殊事情によるところが多いんですが、現状では、特別な趣味でもないかぎり、ママチャリ以外の自転車に接することは少ないですよね。でも、諸外国（特にヨーロッパ諸国）には、たくさんの、おもしろくて、オシャレで、速い自転車が走っているのです。

　日本でも馴染み深いのは、ロードバイクという種類でしょう。ドロップハンドルで車道を疾走する、フレームの細い、タイヤの細い、軽い自転車です。昨今流行りの自転車で、今「スポーツバイク」といったら、多くの場合、この種類を指すことになりました。

　もうひとつの代表格は、マウンテンバイク（MTB）でしょうか。前後にサスペンションを備え、デコボコのタイヤを履いた、オートバイさながらのメカメカしい自転車のことです。本来は野山を駆け回るための競技用自転車だったんですけど、街乗りでも、段差をクリアしやすい、乗り心地が軟らかい、などのよさがあって、愛好者も増えました。ただし、外観に反して、オンロードでスピードを出すのはそれほど得意ではありません。

　そして今、ものすごく増えているのが、クロスバイクという種類です。ロードとマウンテンのイイトコ取りをしたような自転車で、そこそこに速いし軽いし、乗り心地もいい。長く走れる。しかも安い。ママチャリしか乗ったことのない人が、一度でもこれに乗ると「わー、ペダルが軽いー、すごく速いー、おまけに楽ー」と、目からウロコがバリバリ落ちること請け合いです。ヨーロッパでは、とくに女性の自転車としてクロスバイクはもはや定番で、若いママさんたちが乗っているのをよく目にします。カゴもつけられるし、荷物も載せやすいもので。

　こどもはどうするのかって？　トレーラーというものを後ろにつけます。小さい子が2人乗れ、自転車自身がふらつくこともほとんどありません。ただ、日本では難しいとも思わざるを得ません。場所を取る上に小回りがききませんから。欧米でスタンダードになっているのは自転車専用道路が普及していること、また、そうでないところでは「自転車＝車道」というコンセンサスができていることと無縁ではないのです。

　では、こどもが少し大きくなったらどうするか。そう、こどもにも小さなクロスバイクを買い与える、です。で、週末に家族でサイクリング。これ、ドイツやオランダなどでは、よくあるライフスタイルなんですよ。

自転車に乗ってどこ行こう？

重いこども乗せから解放されたら……こどもといっしょに、
あるいは１人で、自転車の楽しみが広がりそう！
疋田さんおすすめの、自転車の世界への誘い。

ご近所ポタリングの楽しみ

　自転車で楽しむ小さな旅のことを「ポタリング（自転車散歩）」といいます。たとえば自宅の近く、そうだなぁ、最寄りの駅からひとつ隣の駅まで行ってみる。するとあら不思議。最寄りの駅が違うだけで、駅前のカルチャーが全然違うことがわかります。

　なんだか見慣れないカフェがあったりします。古ばけた小さな映画館があって大昔の名画をかけていたり、深い森が突然出現して、その奥になんだか聞き慣れない神社があったりします。自転車ならば、そうしたいろいろな発見が日常茶飯事なのです。

　なぜなら、自転車は「ちょっと遠くても（歩いて行くのはしんどいなぁ）気楽に行ける」し、「何かヘンなものでもあったら（クルマと違って）すぐに立ち止まることが可能」だから。隣の駅をめぐり、そのまた隣の駅に。さらには別の市町村。どこに行くのも自転車は驚くほど簡単です。

　それぞれの街で、それぞれの発見、経験をする。そして、そういう発見や経験は、ひるがえって、自分の街を見直すことにもつながります。そうか、私が住んでいるこの町には、私の生活に欠かせない○○があって、××があるんだな。そういう発見をするのは、思いのほか、シアワセなことだと思うのですよ。

自転車散歩にあるとよいもの

　自転車でのお出かけに、日焼け止めなどのUV対策グッズと水分は欠かせません。ふだん着に合わせやすいデザインも増えているヘルメット、紫外線や埃などから目を守るアイウェア（サングラス）とグローブ（内側に滑りにくい素材を使った自転車専用のものがより安心）の３点が自転車の重要アイテム。

　立ち寄り先での駐輪は、歩く人や交通の妨げにならない場所に施錠してとめます。整備が進んできた駅前駐輪場だけでなく、お店の前など街のあちこちに、自転車を止めやすいスペースが増えてほしい。ベビーカーや車椅子、高齢者のカートなどにとっても便利になると思うのです。Ⓑ

五感にぐっとくる「濃い」旅にはツーリング！

現在の"自転車ブーム"のはるか前から、「ツーリング」というものは自転車趣味の大きな楽しみのひとつでした。私がこどもだった頃はこの「ツーリング（当時はサイクリングといいましたね）」こそが自転車趣味の主流だったとさえいえます。

自分の足の力だけで、驚くほど遠くまで行くことができて（これは本当にそう。平均時速20kmで走ったとして、3時間で60kmも行ける。5時間なら100km！）、しかも、その場その場で、風の感触、その匂い、風景の移り変わり、その他いろいろを生で味わうことができます。

思えば小学校高学年の頃から、鉄道、クルマ、飛行機、徒歩とあらゆる旅の中、自転車ツーリングは一番「濃い」旅であり続けました。

あらゆる旅の中で、もっとも思い出に残り、もっとも記憶に深く刻まれ、もっとも時間が有効に使えるのが自転車ツーリングなのです。

こどもにとって自転車とは

疋田　智

　私のこどもたちは、自転車が大好きです。私もこどもの頃から、自転車が大好きでした。

　風を頰に受け走っていく感触は、気持ちのいいものです。歩いてでは時間がかかりすぎるところにも、自転車なら楽々行けます。友達の家にも公園にも、短時間で行き着くことができ、行動範囲が格段に広がっていきました。少しずつ自分の領土が膨らんでいくかのようでした。

実世界での「ぼうけん」

　自転車に乗り、町のどことどこがつながっているか（この橋を渡ると〇〇くんの家だとか、あの交差点の向こうにいとこのお兄ちゃんが通う高校があるとか）を肌で知り、向かい風は案外きびしいこと、冬は指先がかじかむこと、雨はつらいことなどを、体験を通じて知ることができました。

　それは一種の「ぼうけん」でした。「勇者の剣」も「宝物のダンジョン」も出てきませんが、モニターの中の世界じゃない、実世界で胸躍る体験ができるのです。

　今のこどもたちはあまり自転車に乗りません。スマホやゲームに夢中という側面もあります。また、交通事故が恐いから、危ないからと、親たちも自転車に乗せたがらないといいます。流行りのこども向けアニメを見ても、妖怪は出てきますが、自転車は出てきません。友達と連れだってサイクリングなんてシーンもすっかり影をひそめてしまいました。

　私は残念なことだと思います。

　たしかに現在のクルマ偏重の交通状況は、両手をあげて「安全だ」とは言いがたいのも事実です（これは早急に大人が何とかすべきことだと思います）。しかし、自転車の乗り方の基本を学び、ルールをしっかり守るなら、自転車はそんなに危険な乗り物ではありません。

　自転車先進国のように自転車の乗り方をしっかりと教え、ドライバーがこどもの自転車（またはこどもを乗せた自転車）を優先し、地域がこどもたちを守る、そんな社会が日本でも実現できればと思います。そこまでいかなくても、6～9ページにもありますが、とりあえずは「左側通行」。これさえしっかり守れば、自転車の危険性は半分以下になるのです。

親子のコミュニケーションツール

　私に自転車を教えてくれたのは、当然のように父でした。幼稚園児の頃、最初の自転車を買ってもらい、補助輪をつけ、それこそ土管のある空き地で練習しました。ドラえもんの原風景ですね。今では「むしろ自転車練習の妨げになる」とい

column ● こどもにとって自転車とは

うのが定説の補助輪ですが、ときはまだ高度成長期、昭和40年代でした。

　ようやく補助輪をはずしたとき、父に自転車の後部を支えてもらい、私は「持っててよ、手を放さないでよ」と言い続けました。何度か転びそうになり、実際に転び、だんだんバランスがとれるようになった後も「手を離さないでよ」と言いながら、ふと気づくと、父は、背後の遠いところで笑っていました。考えてみれば、あれは「自分の努力で何かをすることが可能になった」という、はじめての体験だったような気がします。

　自転車に乗れるようになると、父は自転車のメカニズムをいろいろと教えてくれました。ペダルの力がチェーンに伝わり、そのチェーンが後輪を回す。そこには「滑車の論理」もあり「慣性の法則」もあります。人間の力しかかかっていないのに、人間の力以上の効率が得られる原理がわかり始めます。ペダル1回りで後輪が3回転もして、ただの小学生でも、金メダリストのボルト選手以上のスピードを出すことができます。マラソン選手よりも長い距離が走れるようになります。

　ごくシンプルな構造にもかかわらず、自転車という乗り物には男の子の好きなメカがあって、ネジがあって、潤滑油があって、鈍く輝く金属がありました。工具を使ってそれらを器用に整備する父親を、どんなに尊敬の目で見つめたことか。

未来がひそんでいる自転車

　必然のように自転車少年になっていった中学2年生の夏、父とふたりで南九州一周の自転車旅行に出たことがあります。テントと寝袋を、ランドナーというサイクリング用自転車に括り付け、3泊4日。私が14歳、父が44歳の夏でした。中学生男子という扱いにくい年頃の子と4日間過ごすのは、当時の父にとっても大変だったことでしょう。

　でも、大丈夫でした。今となっては、自転車こそが父と子の最高のコミュニケーションの道具だったように思えます。当時の父の年齢を超えた私にとって（そして、その父が亡くなってもう半年が経ちました）、あの体験は永遠の心の真珠です。

　私はそうした自転車の楽しさを、こどもたちに伝えたいと思っています。そして、その楽しさこそが、この世界に、エコと、健康と、持続可能な未来をもたらしてくれると信じているのです。

　未来というものは、別にドラえもんのポケットや、どこか見知らぬところから不意にでてくるものではありません。それよりももっと身近なもの、間違いなく自転車の中に潜んでいるのです。

おわりに

　自転車のこと、道路のことをあれこれと考えてきました。こども乗せ自転車の事故のニュースは人ごととは思えず、こどもが関わる自転車事故の報道には、ケガはどの程度？　加害の側になった子の将来は？　と心がざわつきます。

　せめて安全な乗り方を知り、こどもにも教えたいと、この本を企画しました。「自転車は原則、車道」すら知らなかった自分にはおこがましいと躊躇しましたが、シロート自転車乗りの一人として、親の目線で交通ルールや自転車のあれこれを紹介することもありではないかと、思い直しました。読んでくださったみなさんの子育てが、より楽しく安全になればなによりです。

●

　本書をつくるなかで、おもしろい言葉に出会いました。「小さなこどもを、完全に交通環境に適応させるということは不可能である」「交通環境を、こどもに適応させることはできる」（スウェーデンの教育学者スティナ・サンデルス）。

　こどもの交通事故を減らすために、交通安全教育などのアプローチだけでなく、道路環境そのものを事故が起こりにくいかたちに変えていくことがより有効だと説いています。自転車の安全にも通じる考え方だと思います。実際、歩く人とクルマとが道路空間を共有したり、区分けして利用できるようにする「交通静穏化」「交通沈静化」が各地で実践されていることや、信号機を時差式にすれば交差点での自動車の右左折にまつわる交通事故対策になることも知りました。自転車レーンも少しずつ整備されつつあります。多くの人の努力と協力で、より安全で快適な道が各地に広がることを考えると、なんだかわくわくしてきます。そうした社会の動きに、少しでも連なりたいものです。

●

　最後になりましたが、「育児書としての自転車の本を」という相談に即座に応じてくださり、全面的にご協力いただいた自転車ツーキニストの疋田智さんに、心よりお礼申し上げます。そして、お忙しいなかお話を聞かせてくださった方々、原稿を寄せてくださった方、アンケートにご協力くださった保護者のみなさん、本作りにかかわってくれたイラストレーターの柚木ミサトさんとデザイナーの大津千明さんに感謝いたします。なお、商品としての自転車の仕様や性能については、雑誌やウェブサイトの最新情報が参考になることから、本書では扱いませんでした。文責はすべて筆者にあります。

2015年春　ぽちぽち自転車くらぶ　やまがなおこ

監修者あとがき

　自転車という乗り物には、未来が詰まっています。
　人力だけで、人を運び、子を運び、荷物を運ぶ。ガソリンは要らない。要るのは自らの力とグリコーゲン、そして体脂肪だけ。その体脂肪を効率的に燃やして、楽に楽しく街を回遊できるのです。もっとも身近な"乗り物"であり、もっとも身近な"スポーツ道具""レジャー用具"でもあります。
　私自身の経験でいっても、自転車とともに過ごす生活はイイコトばかりです。
　自転車に日々乗っていると、まず痩せます。私は自宅から会社まで日々自転車で通っているのですが、たったの１年で84kgあった体重が67kgになりました。リバウンドもありません。脚もスリムになります。これはかなりの誤解があるのですが、自転車に乗ると腿が太くなるのは競輪のような「短距離勝負！」の競技だけ。ツール・ド・フランスの選手などを見ると、脚はことごとくスリムなのです。
　さらには電車代やガソリン代を使わないので、ものすごく経済的です。つまり身体は痩せるけど、財布は太るわけです。街が身近になってきますし、季節感や風の匂いなど、さまざまな発見があります。
　シートにお子さんを乗せて走ると、手を叩いて喜ぶでしょう。いろいろなものを指さして「あーっ、うーっ」と、笑顔でアピールするでしょう。人にとって自転車というのは「ちょうどいい」のです。スピードもそう、距離感もそう、適度な運動量があるのに、身体を痛めない。まさにイイコト尽くめなのです。
　ですが、乗るのにちょっとしたコツがあります。残念なことに、日本人にはそのコツが広まっていません。社会的にも、一人一人の意識としても。だから、現在も日本の自転車は「ちょっと危険」で「ちょっと迷惑」な存在に甘んじています。奇妙なことにこれは日本特有の（先進国の中では特に）問題です。
　しかし、です。地球温暖化が問題になり、石油の枯渇も目の前に迫ってきたなか、自転車を忌避していては、目の前の社会は拓かれないと思うのです。特に原発の未来がほぼ絶望視されているなか、今よりも火力を増やさざるを得ないのは、残念なことですが、現実でしょう（少なくとも再生可能エネルギーが軌道に乗るまでは）。となると、家庭から出るCO_2をできるだけ減らし、石油を無駄に燃やすのをできるだけ避けるということは、未来を生きるこの子たちのために、我々がなすべき責務です。
　子育てに、自転車を使いましょう。安全に、快適に、しかも、楽しく。
　大丈夫です。ほんの少しのコツを知るだけで、自転車は今よりはるかに素敵な乗り物として、あなたの目の前に再び現れてくれるはずですから。

2015年春　疋田　智

監修 ● 疋田 智
自転車で通勤する人をさす「自転車ツーキニスト」という言葉で、都市交通としての自転車活用を提唱。雑誌連載、メールマガジン、ラジオ、講演などを通じ、エコで楽しい自転車の魅力を精力的に伝えている。『ものぐさ自転車の悦楽』（マガジンハウス）ほか著書多数。3児の父。
NPO法人自転車活用推進研究会理事

著者 ● ぼちぼち自転車くらぶ
生活の足として自転車を愛する人びと。自分たちの子育て経験をふまえ、子育て中の人に自転車の交通ルールを知ってほしい、こどもと自転車がかかわる交通事故を減らしたいと本書を企画・編集

絵 ● 柚木ミサト
画家・イラストレーター。描くことからつながるあらゆるものをつくる。こども用の放射線学習ブックや【あかいつぶつぶの絵】シリーズなど原発事故後イラストを通して被ばく防御のための活動も続けている。

企画・編集 ● 山家直子　　デザイン ● CO2 design

図表出典
p.13　警察庁資料より作成
p.14　公益財団法人交通事故総合分析センター
　　　「イタルダインフォメーション No.97」
　　　（2012年12月）より
p.18　警察庁資料より作成
p.19　一般財団法人日本自転車普及協会
　　　「自転車乗用環境の整備に関する調査について」
　　　2006年度事業抜粋より
p.26　国民生活センター「子どもを自転車に乗せたときの転倒に注意！」（2011年9月）より

※登場する方の肩書は取材時のものです

おやこで自転車はじめてブック──子乗せで走る、こどもに教える

2015年6月28日　第1刷発行

著　者　ぼちぼち自転車くらぶ
監修者　疋田　智
発行者　奥川　隆
発行所　有限会社 子どもの未来社
　　　　〒113-0033　東京都文京区本郷3丁目26-1　本郷宮田ビル4F
　　　　Tel　03-3830-0027　Fax　03-3830-0028　振替00150-1-553485
　　　　http://www.ab.auone-net.jp/~co-mirai/
　　　　Eメール　co-mirai@f8.dion.ne.jp

印刷・製本　シナノ印刷株式会社
ISBN 978-4-86412-060-9 C0037　　©2015, Printed in Japan

定価はカバーに表示してあります。落丁・乱丁の際は送料負担でお取り替えいたします。
本書の全部、または一部の無断での複写（コピー）・複製・転訳、および磁気または光記録媒体への入力等を禁じます。複写等を希望される場合は、小社著作権管理部にご連絡ください。